GUÍA COMPLETA
DEL CULTIVO DEL KIWI

Mónica Rafols

GUÍA COMPLETA DEL CULTIVO DEL KIWI

dve
PUBLISHING

© Editorial De Vecchi, S. A. 2018
© [2018] Confidential Concepts International Ltd., Ireland
Subsidiary company of Confidential Concepts Inc, USA
ISBN: 978-1-64461-176-0

Impreso bajo demanda gestionado por Bibliomanager

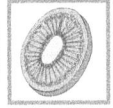

AGRADECIMIENTOS

Diversas informaciones procedentes de organismos especializados han servido para enriquecer esta obra. Por ello, querríamos expresar nuestro agradecimiento:

— al Centre Technique Interprofessionnel des Fruits et Légumes, y en particular a Claire Nioncel;
— al Bureau International du Kiwi, y a su director Jean-Michel Fournier;
— a los laboratorios Alban Muller International, en Vincennes;
— al INRA y a su dirección de información y documentación, así como al centro INRA de Corse;
— a Joëlle Vilain, del GRAPP, por su trabajo sobre la polinización, en colaboración con el INRA de Avignon;
— a la escuela superior de agricultura de Purpan, y a Mme. Laure de Biré;
— a Jean-Louis Préhu, «pequeño productor» en Île d'Yeu, y a su sobrina Dominique, por su amabilidad y por la información complementaria facilitada;
— a la Agence pour la Recherche et l'Information en Fruits et Légumes (APRIFEL), y a Style y Cuisinothèque, por sus documentos y recetas;
— al servicio de prensa del kiwi, SOPEXA;
— a Josée Audet, experto en nutrición.

ÍNDICE

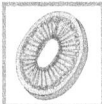

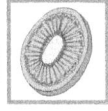

INTRODUCCIÓN

Al natural o en ensalada, consumido solo o acompañando a otros alimentos… No es el huevo, sino el kiwi, una fruta disfrazada bajo una espesa piel parda.

En efecto, esta fruta, llamada también *la grosella de China*, es una fruta original, incluso sorprendente en comparación con las frutas más clásicas del huerto.

Hoy en día, en Europa, el kiwi ha convencido a todos los amantes de frutas y merece un lugar en su huerto.

Su riqueza en vitamina C y sus virtudes dietéticas lo hacen casi indispensable en todos los desayunos y en muchos postres.

La obra de Mónica Rafols es un manual de referencia que le servirá para entender cómo cultivar el kiwi y lograr su plantación, multiplicación y fructificación.

Todos estos consejos le guiarán en sus primeros pasos hacia el cultivo de esta fruta. Así, seguro que reservará para esta liana oriental un lugar predominante en su huerto.

MAGALÍ MARTIJA-OCHOA

UNA PLANTA MILENARIA

El kiwi o actinidia es una liana de consumo ancestral en China, donde crece en las provincias situadas a ambos lados del río Yang-tsé, en los linderos de los bosques a unos 2.000 m de altitud sobre el nivel del mar. La familia de las Actinidiáceas, a la que pertenece el kiwi que consumimos, comprende 52 especies en China, aunque nos faltan muchas por descubrir. Son originarias de los bosques templados de las montañas y colinas del suroeste de China. Sin embargo, los especialistas mencionan especies aisladas que se encuentran en una vasta región geográfica, que se extiende de Siberia a Indonesia.

En China se conoce con el nombre de *yang-tao* (melocotón de Yang-tsé). Los neozelandeses y americanos lo denominan kiwi, *kiwifruit* o *kiwiberry*, por la similitud de su piel a la del pájaro que lleva este nombre y que es el símbolo de Nueva Zelanda; los franceses lo denominan actinidia, «ratón vegetal» (por alusión a la forma y pilosidad del fruto con un ratón) o grosella de China; y en los países anglosajones se le llama *chinese gooseberry.* Su nombre botánico es *Actinidia chinensis.* En los últimos años, ha habido una tendencia a denominar *kiwi* al fruto y *actinidia* a la planta que lo produce; esta es la nomenclatura que se ha utilizado en este libro.

Con respecto al nombre francés *ratón vegetal*, existe otra explicación. La actinidia forma en su parte más superficial del suelo una extraordinaria red de raicillas. Parece ser que estas raicillas tienen un olor especial que el gato detecta. Eso explicaría por qué al gato le encanta revolcarse al pie de esta planta, en cualquier época del año. Se añade que el olor de los brotes en primavera atrae al gato al arbusto, donde puede cometer graves daños. De hecho, como confirman los científicos, la savia del árbol contiene un alcaloide similar al maro. No se ha probado la experiencia con gatos europeos, pero se dice que en los zoológicos chinos los leopardos y los leones aprecian, sin enseñar las garras, los efectos sedantes de la savia del árbol de los kiwis.

Sus descubridores

El kiwi fue mencionado por primera vez en una revista en 1847. Posiblemente, el primer europeo que lo descubrió hacia 1750 fue el padre jesuita Pierre Noël Le

Chéron de Incanville, que vivió en la corte imperial de Pekín de 1740 a 1757. Alumno del botánico Bernard de Jussieu, recogió los primeros frutos en Macao que bautizó como *yangtao*. No fueron descritos en ciento cincuenta años.

Un siglo más tarde, el herbolario Robert Fortune que trabajaba para la Hortical Society de Londres, trajo este fruto a Europa al volver de un viaje por China. A. R. Fergurson afirma que Fortune no describió los frutos en ninguna de sus obras, porque se interesó por las salidas comerciales de toda nueva planta que observaba en China. Este autor concluye que es probable que jamás hubiese visto estos frutos. En cambio afirma que «los primeros frutos de *A. chinensis* observados en Europa fueron enviados, conservados en alcohol, por Augustine Henry en 1886».

Los misioneros que evangelizaron China introdujeron la actinidia —como planta ornamental— en Florida, Nueva Zelanda y en Europa. Los primeros autores y herbolarios de principios del siglo XX, reconociendo que existían al menos dos variedades de *A. chinensis*, les dieron dos nombres chinos, *yangtao* para la variedad de frutos lisos y menos pilosos y *mao eartao* o *mao yangtao* para la variedad de frutos más pilosos (*mao* significa «piloso»).

A principios del siglo XX se introdujo en numerosos jardines botánicos, pero su cultivo agrícola no se produjo hasta 1940 en Nueva Zelanda. Cuenta la leyenda que después de la segunda guerra mundial, en plena guerra fría, los neozelandeses rebautizaron la fruta como *kiwi* para sus importadores americanos. En efecto, en los años cincuenta, Estados Unidos estaba sacudido por una violenta fiebre anticomunista. Todo lo que recordaba el comunismo era apartado del vocabulario. Así, la famosa «grosella de China» no tenía buena prensa. Los neozelandeses, buenos comerciantes, escogieron para su nueva identidad el nombre más evocador de su emblemático pájaro, el kiwi, así bautizado por los maoríes debido a su grito «kivi-kivi».

Desde los años sesenta se ha ido introduciendo su cultivo en Europa y Estados Unidos: Italia (1966), Francia (1967), EE.UU. (1968) y España (1974). Su cultivo sigue extendiéndose a otras áreas, entre ellas China, lo que puede cambiar la distribución del mercado mundial.

En España lo introdujo una multinacional alemana de alimentación para el mercado de frutas exóticas. Los primeros cultivos se realizaron en Galicia (1974) y en las islas Baleares (Menorca). La primera explotación fue en Gondomar, cerca de Bayona (Pontevedra) y le siguieron otras en Porriño, Rianzo y Puenteareas. En 1982 había más de 30 ha de kiwi en Galicia. En Tenerife, se introdujo en 1974 una plantación experimental en El Sarzal, en el norte de la isla, a 400 m de altitud, y se estableció una plantación comercial en Aguamansa, también en la zona norte, a unos 1.000 m de altitud. En la comarca del Maresme (Barcelona) la primera plantación se realizó en 1981.

Una fruta en desarrollo

El kiwi es un fruto que, por sus cualidades dietéticas y organolépticas, tiene un mercado fiel y en aumento, en especial en el norte de Europa. Su gran promoción

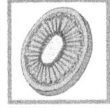

se debe sobre todo a su enorme riqueza en vitamina C (10 veces más que el limón y 30 veces más que la manzana).

Hoy en día el mercado del kiwi sigue evolucionando. Tras una fuerte producción, la caída de precios provocó un ajuste y profundos cambios en la producción y en la comercialización de esta fruta. Así, el kiwi de Nueva Zelanda cambió de nombre y fue rebautizado «Zespri» para distinguirlo de los de otros orígenes. Finalmente, el descubrimiento de nuevas propiedades nutritivas del kiwi y las posibilidades de un mercado potencial aún poco explotado ofrecen a esta fruta buenas perspectivas para el futuro.

BOTÁNICA Y FISIOLOGÍA

El kiwi es una liana fructífera de tipo sarmentoso científicamente conocida como *Actinidia chinensis.* El género *Actinidia*, cuyo nombre deriva del griego *aktis* (radio), que se refiere a las numerosas divisiones radiales del estilo persistentes durante el desarrollo del fruto y hasta su madurez, está sistematizado en la familia Actinidiáceas (Van Tieghem, 1899) que comprende, además, los géneros *Cloematoclethra* y *Sladenia.*

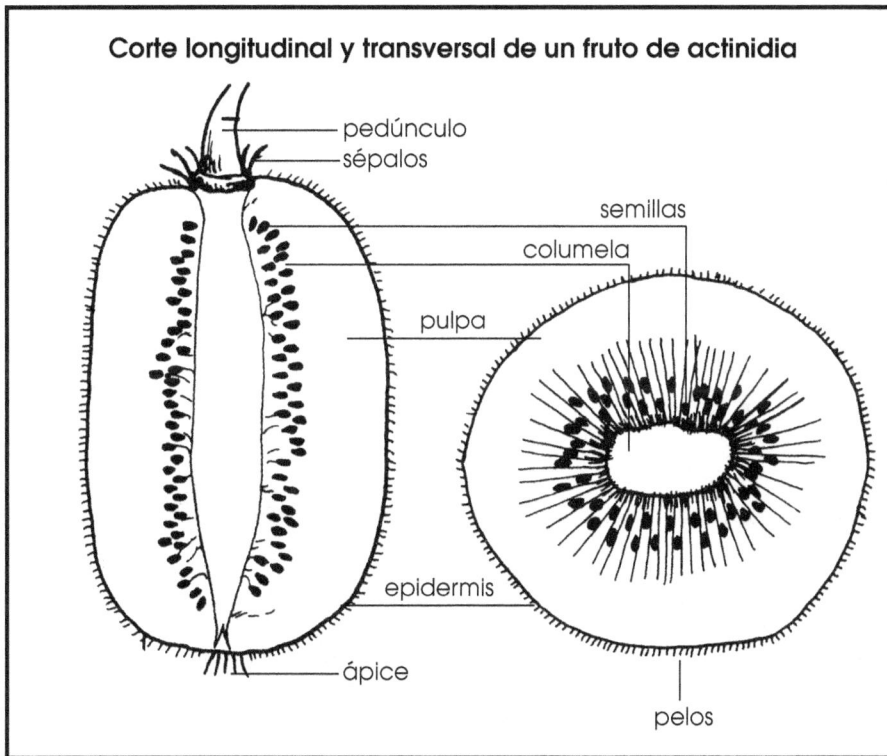

Corte longitudinal y transversal de un fruto de actinidia

Las Actinidiáceas, que pertenecen al orden Theales, son arbustos trepadores caducifolios, de hojas simples, redondeadas, sin pelos o con pilosidad simple o estrellada, desprovistas de estípulas.

Las flores están reunidas en inflorescencias y son hermafroditas, polígamas o dioicas, pentámeras con simetría radial, cinco sépalos y cinco pétalos, diez o más estambres hipoginios (insertados por debajo del ovario), ovario superobilobulado o polilobulado, numerosos óvulos anátropos y cinco o más estilos libres o soldados en el ápice y persistentes.

El fruto es una baya o una cápsula que contiene numerosas semillas muy pequeñas, sin arilo, con un embrión grande y endosperma abundante que constituye la pulpa.

El género Actinidia comprende 36 especies de las cuales sólo tres (*A. chinensis, A. arguta* y *A. kolomikta*) tienen un cierto interés en la agricultura.

A. arguta es una especie polimorfa, que produce frutos de tamaño variable, pero bastante pequeños y con un contenido en ácido ascórbico muy elevado, superior al de *A. chinensis.* Resiste bien el frío, entra en estado vegetativo antes que *A. chinensis* pero florece casi al mismo tiempo. Actualmente, a causa del aspecto de sus frutos —de calidad inferior a los de las otras variedades— puede tener más interés que otras especies como planta ornamental, pero también puede ser interesante por su producción de frutos con características organolépticas de un cierto valor.

A. kolomikta es una especie mucho menos vigorosa que *A. chinensis* y *A. arguta* y florece unos 20 o 30 días antes. Es muy rústica y resiste bien los climas muy fríos. Sus frutos son muy pequeños y maduran en verano. Sólo tiene interés como planta de jardín. Los frutos tienen un elevado contenido en ácido ascórbico valorado entre 600-1.200 mg/100 g.

Estas dos especies descritas podrían utilizarse para mejorar *A. chinensis* mediante hibridaciones.

Sistema radical

El sistema radical realiza dos funciones de primer orden en las plantas:

— les da soporte;
— por él llega el agua y las sustancias disueltas necesarias para la alimentación de la planta.

En la actinidia, el sistema radical es escaso y superficial, y coloniza las capas superficiales del suelo ricas en materia orgánica y muy permeables.

Las raíces son carnosas, gruesas, de color claro cuando son jóvenes y pardo-rojizas cuando son adultas. Tienen una capa considerable de floema (vasos conductores que transportan los productos de la fotosíntesis) y de sustancias de reserva por lo que el trasplante tiene muchas garantías de éxito. Las raíces emiten yemas

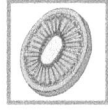

adventicias, por lo que suelen actuar como medio de propagación, como se verá más adelante.

Las raíces de la actinidia son muy sensibles a la falta de oxígeno, por lo que no toleran suelos asfixiantes, ricos en arcillas y de drenaje deficiente, características a tener en cuenta a la hora de estudiar el terreno de plantación; las raíces en estas condiciones tienen tendencia a salir a la superficie.

Se han observado diferencias en las raíces de las plantas según sea su origen. Así en las plantas multiplicadas por estaca enraizada, las raíces presentan forma fasciculada, mientras que las plantas que provienen de semilla o de cultivo *in vitro* tienen una raíz de tipo pivotante y mejor repartida en el suelo.

Parte aérea

En sentido contrario al de la raíz, se desarrolla el tronco sobre el cual irán desarrollándose las ramas, hojas, flores y frutos.

Tronco

Durante los primeros años de desarrollo de la planta de actinidia, no existe un verdadero tronco ya que se trata de una liana, por lo que encontramos sarmientos flexibles que deben ser dirigidos y entutorados para poder formar el árbol deseado.

A los cuatro o cinco años ya se obtienen troncos lignificados que pueden tener un diámetro de 20 a 30 cm, según la edad y las condiciones de cultivo.

El tronco tiene tendencia durante los primeros años a dar brotes muy vigorosos a partir de las yemas laterales de la parte basal. Esta tendencia permite recuperar pies rotos o superar con facilidad brotes débiles que se hayan podido seleccionar para la formación de la planta y que luego no den el resultado esperado.

Ramas

A las ramas de la actinidia se las llama también *sarmientos* por su comportamiento lianoide similar a la vid.

Los brotes en las primeras fases de su crecimiento tienen un aspecto herbáceo y presentan pelos de color verde y rojizo según la variedad y el vigor de la planta.

Crecen muy rápidamente, hasta alcanzar una longitud de 10 a 12 m en un año si las condiciones son favorables. Cuando llegan al punto máximo de crecimiento este se hace rotativo y lento, en busca de un tutor sobre el cual enrollarse. En estado salvaje, se enrolla sobre las plantas cercanas pudiendo llegar a asfixiarlas. En la

Flores de *actinidia*

actinidia se dan dos tipos de ramas:

1. Ramas vegetativas: no tienen flores. Se forman a partir de:

—yemas cercanas a la base de ramas productivas del año anterior;
—yemas latentes de ramas de más de 2 años;
—yemas anticipadas sobre ramas de producción o de madera.

2. Ramas mixtas: son portadoras de flores. Se forman a partir de:

—yemas de una rama vegetativa del año anterior;
—yemas de una rama fructífera el año anterior, situadas a continuación del último nudo de fruto.

La longitud de los entrenudos en las ramas varía según el vigor de 5 a 6 cm hasta 15-20 cm en los brotes más vigorosos de crecimiento rápido y tendencia vertical.

Yemas

Las yemas se originan en los nudos, es decir, en la unión del tronco con las hojas, lugar que recibe el nombre de *axila*.

A estas yemas se las suele denominar *yemas axilares* para diferenciarlas de las yemas adventicias que pueden originarse en cualquier lugar de la planta de forma accidental.

Las yemas axilares de actinidia son grandes (7-8 mm) y están protegidas del frío por una capa de escamas velludas y por la piel de la rama durante el invierno y en verano por los peciolos de las hojas. Las yemas, al igual que las ramas, pueden ser de dos tipos:

— yemas de madera: darán lugar a ramas vegetativas;
— yemas mixtas: producen ramas mixtas, portadoras de flores.

La actinidia, además, tiene la capacidad de emitir yemas adventicias tanto en el tronco como en las ramas viejas, e incluso puede hacerlo en las cicatrices de las heridas y en las raíces.

En el caso de que se pierda una yema, por el frío o por causa mecánica, aparecen uno o dos brotes que darán lugar a ramas sin frutos (ramas vegetativas); pero recordemos que las yemas poseen mecanismos de protección como son las escamas velludas y la parte de corteza que las recubre.

Hojas

Las hojas son simples, características de la familia a la que pertenecen, largas, redondeadas y caducas. Su cara superior es de color verde oscuro brillante y su reverso presenta una tonalidad más clara, con brillos marrones y con pelos dispuestos en forma de estrella. La longitud de la hoja es de unos 5 a 25-30 cm según el sexo y la edad de la planta. El borde del limbo está poco dentado.

En plantas jóvenes obtenidas a partir de semilla o por cultivo *in vitro*, las hojas son más estrechas y lanceoladas que las de las plantas adultas y presentan pelos en la parte superior, lo que las hace rugosas al tacto. Según la tradición china, las hojas tienen propiedades medicinales y se utilizan para curar la sarna de los perros.

Flores

La actinidia es una planta fisiológicamente dioica, es decir, existen plantas masculinas y femeninas, pero sus flores son de apariencia hermafrodita, presentan aparato sexual femenino (gineceo) y masculino (androceo).

Las flores se asientan sobre pedúnculos, generalmente largos, que surgen de las axilas de las dos a las ocho primeras hojas de las ramas mixtas de brotes del año. Las flores aisladas o agrupadas en inflorescencias (tres o más por axila), en los pies masculinos aparecen en la proporción de tres a cinco por brote.

Tienen seis pétalos (entre cinco y ocho) y cinco sépalos. El color de los pétalos es blanco-crema, y poseen cierto olor a rosas. El tamaño de las flores femeninas es algo mayor; esto, junto con los caracteres del gineceo y androceo, permite reconocer y diferenciar los pies masculinos de los femeninos cuando la planta entra en floración, proceso que se da a los 2 o 3 años de cultivo.

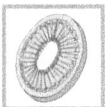

El gineceo está formado por un solo ovario súpero, plurilocular y de simetría radial con 20 o 30 estilos radiales en las flores de pies femeninos en cuyo extremo presentan papilas estigmáticas por las cuales penetra el polen hacia el interior del ovario, mientras en las flores de pies masculinos el ovario es más rudimentario y estéril.

El androceo está formado por un gran número de estambres, 150-160 en los pies masculinos, que producen gran cantidad de polen. En las flores de los pies femeninos hay menos estambres dispuestos en dos verticilos que producen polen incapaz de germinar.

Frutos

Son bayas de forma elíptica, ovales y alargadas, cuyo peso y tamaño varían en función de la variedad. El peso oscila entre 30-35 g para la variedad Monty y 120-150 g para la Hayward.

La epidermis del kiwi es de color marrón-verdoso, cubierta de pelos marrones que caen cuando el fruto está maduro. El pedúnculo mide de 3 a 7 cm y durante la recolección se dejan en el árbol para facilitar la poda de invierno.

Esquema de diferentes tipos de madera de fruto

rama floral

rama principal

rama fructífera de crecimiento determinado

rama fructífera de crecimiento indeterminado

rama fructífera terminal

La pulpa es de color verde esmeralda, situada alrededor de la columela central, parte del fruto que representa la unión de los bordes de los carpelos, que es de color blanco-crema. La pulpa y la columela tienen un grueso variable y las dos partes son comestibles cuando el fruto está maduro.

En su punto óptimo de madurez, el kiwi, tiene un gusto agradable, dulce, ligeramente ácido y muy perfumado.

El fruto se caracteriza por un alto contenido en ácido ascórbico y sales minerales, sobre todo potasio (K) y fósforo (P).

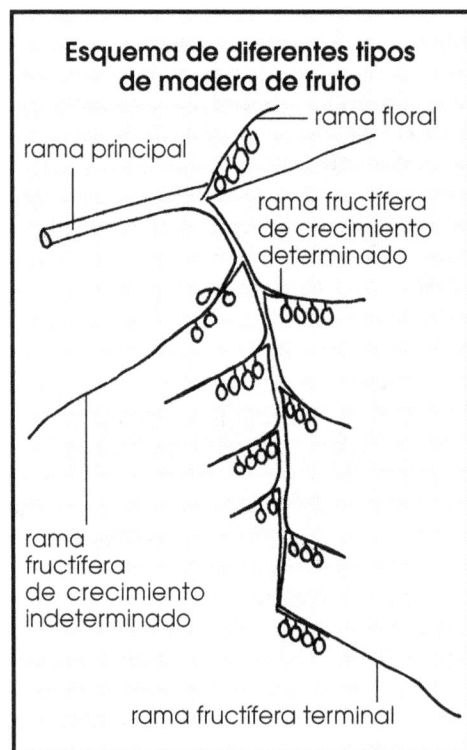

Semillas

Son de color negro intenso si el fruto está maduro y de color marrón claro si está verde. Son muy pequeñas y de forma elíptica

aplanada, de 2 a 3 mm, situadas en dos líneas concéntricas alrededor de la columela. Su número varía en función de la calidad de la polinización y fecundación, oscilando entre 100 y más de 1.000.

El peso de unas mil semillas es de 1,5 g, aproximadamente, lo que da idea de su pequeñez; por ello no son molestas al consumir el fruto.

Estadios fenológicos

Se entiende por estadios fenológicos los fenómenos biológicos que se dan de forma periódica, como son la brotación, floración, polinización, desarrollo y maduración del fruto.

Brotación

El inicio de la brotación va precedido de una exudación importante de savia por parte de la planta que es distinta según el sexo, la variedad y las condiciones climáticas del año.

Según los datos obtenidos por Zuccherelli (1981) en Italia los periodos de brotación son: Italia septentrional: 15 de marzo; Italia central: principios de marzo; Italia meridional: finales de febrero.

Según los datos de Fournier (1974) en Toulouse (Francia) la brotación se da en la segunda quincena de marzo. En El Maresme (Barcelona) se da durante la primera quincena de abril (Adillón, 1984).

Según Fournier, la fecha de brotación está condicionada por las temperaturas del mes de febrero y por el vigor de la planta. Así pues, según la temperatura media de este mes se adelantará o retrasará la brotación. En plantas recién trasplantadas la brotación es algo más tardía. El retraso también varía con la variedad cultivada.

La brotación de las plantas dura unos 15 días y se produce 15 días antes de la viña.

El crecimiento de los brotes es rápido y puede llegar a ser de 20-24 cm por día, según las condiciones ambientales.

El periodo de tiempo entre la brotación y el inicio de la floración varía de 60 a 80 días.

Floración

Los botones florales son visibles en abril sobre la axila de las hojas de los brotes jóvenes.

La diferenciación morfológica tiene lugar antes de acabar el invierno, aunque puede haber una diferenciación más precoz.

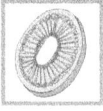

El desarrollo de los botones florales es lento y la floración aparece desde finales de mayo hasta principios de junio, según la climatología. El periodo de floración dura 10 días, iniciando los pies masculinos, seguidos de los femeninos. En condiciones óptimas, la floración de los masculinos ha de garantizar todo el periodo de floración de los femeninos.

Los grupos florales de tres inician su apertura con la flor central, y más tarde las laterales. La apertura diaria se realiza en las horas de más temperatura, quedándose las flores hacia abajo, de esta forma quedan protegidos los órganos reproductores de las inclemencias del tiempo.

Tanto en las flores masculinas como en las femeninas, la apertura de los pétalos coincide casi con la predisposición de los órganos reproductores a liberar el polen y a recibirlo.

Las plantas masculinas florecen en el segundo año y la producción de fruto aparece en el tercer año sobre los pies femeninos.

Polinización

Puede ser de tres tipos:

— anemófila: el polen llega al gineceo transportado por el aire;
— entomófila: el polen llega al gineceo transportado por insectos;
— artificial: el polen es colocado en el gineceo por el hombre.

La polinización está en función de la cantidad de polen producido por los pies masculinos y del transporte de este polen a las flores femeninas.

POLINIZACIÓN ANEMÓFILA

Si la estructura y el porte de una flor se desarrollan adaptándose a sus agentes polinizadores, la actinidia se aleja de lo normal, porque por su porte pendular hace pensar que sean los insectos los responsables de su polinización. De hecho, colaboran los dos tipos pero es difícil precisar cuál predomina. Poco después de la apertura de las flores masculinas el polen es transportado por los insectos y, en los estadios de floración más avanzados, el transporte se debe al viento. Con el tiempo, el polen pierde germinabilidad; por ello, la polinización anemófila no es muy efectiva.

POLINIZACIÓN ENTOMÓFILA

Se ha observado que los encargados del transporte del polen de la actinidia son los insectos y, en concreto las abejas domésticas y salvajes. De los insectos que visitan las flores de actinidia un 87 % son abejas y el resto son dípteros, himenópteros y coleópteros; estos últimos polinizan en los días nublados en que las abejas no salen.

Las flores de actinidia no son atractivas para los insectos porque no producen néctar: estos solamente visitan las flores masculinas y femeninas por su polen; pero, para las abejas, este polen es poco atrayente. El polen de la actinidia es seco y polvoriento, por lo que es difícil que se enganche en las patas de los insectos.

La actividad de las abejas depende de las condiciones atmosféricas. La eficacia del cortavientos en crear un microclima caliente y exento de viento favorece la actividad de las abejas, las cuales recogen mejor el polen de la actinidia con el rocío matinal, o después de un aguacero, cuando el polen está húmedo. Cuando hace buen tiempo, las abejas buscan flores más interesantes.

La acción insuficiente del viento, su facilidad de desecación y la barrera que constituyen las mismas plantas hace que la acción de las abejas sea fundamental e imprescindible. Esta debe ir acompañada de una racional proporción y distribución de polinizadores (pies masculinos). Para conseguir una buena polinización, es pues necesaria, la instalación de colmenas en los campos de cultivo.

Las colmenas se distribuyen cuando un 15-30 % de las flores femeninas están abiertas y se sacan de la plantación al final del periodo de floración. Es conveniente situar las colmenas en una zona soleada y repartidas al máximo, sobre todo el espacio de plantación.

De acuerdo con algunos expertos, las colmenas destinadas a esta polinización deben tener reinas jóvenes, estar en fase de desarrollo y contener bastante cresa a alimentar para estimular al máximo la actividad de las libadoras.

POLINIZACIÓN ARTIFICIAL

La polinización artificial que se ha llevado a cabo hasta ahora de forma experimental; se propone como suplementaria a las anteriores. Puede realizarse a mano, frotando las flores masculinas sobre los estigmas de las flores femeninas, o bien mecánicamente recogiendo el polen de las flores masculinas y después repartiendo el polen con pulverizadores u otros materiales inertes sobre las flores femeninas.

Se ha demostrado que el tamaño de los frutos y su calidad dependen de una buena polinización. Se ha encontrado una buena correlación entre polinización, número de semillas por fruto y peso y calibre de los frutos.

Desarrollo del fruto

En el momento de fructificar los grupos florales, sólo aparece un fruto, abortando las dos flores laterales; esta autoeliminación de fruta, beneficia la producción de la plantación, pues los frutos son más grandes y se elimina el aclareo manual; no obstante, hay variedades que llegan a producir tres frutos por inflorescencia (Monty) y en ellas se hace necesario el aclareo.

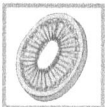

FACTORES QUE GARANTIZAN UNA BUENA POLINIZACIÓN

1. Buena selección de pies masculinos y femeninos.

2. Buena distribución y proporción de pies masculinos.

3. No situar los pies masculinos a más de 20 m de los femeninos. Por otra parte, los investigadores aconsejan multiplicar las variedades masculinas en las plantaciones con clones tempraneros, intermedios y tardíos como Tomuri para aumentar las posibilidades de una buena fecundación.

4. Proteger las plantaciones de vientos superiores a 40 km/h.

5. Hacer una poda racional en los pies masculinos.

6. Escoger un sistema de plantación que facilite el transporte del polen por el viento y la acción de las abejas.

7. Disponer de un mínimo de 6 a 8 colmenas por hectárea.

8. Segar las hierbas que florezcan en el mismo periodo que el kiwi para evitar que las abejas se dediquen a transportar su polen y no el de la actinidia.

El crecimiento del fruto se realiza durante todo el verano, con intervalos en los que la velocidad de crecimiento aumenta o disminuye de forma notable. Al mismo tiempo las semillas experimentan modificaciones, alcanzando su tamaño máximo durante otras ocho semanas, hasta separarse de la pulpa en el momento en que el fruto tiene su máximo tamaño. Se han propuesto cinco periodos en el desarrollo de los frutos.

1. De 0 a 9.ª semana: crecimiento rápido. Las semillas adquieren su máximo tamaño.
2. De la 9.ª a la 12.ª semana: crecimiento lento. Las semillas empiezan a tomar color.
3. De la 12.ª a la 17.ª semana: crecimiento rápido. Las semillas se vuelven marrón oscuro.
4. De la 17.ª a la 21.ª semana: crecimiento débil, semillas negruzcas. Acumulación de azúcares.
5. De la 21.ª a la 23.ª semana: el fruto llega a su tamaño final y madura. La semilla se desengancha de la pulpa.

A finales de octubre o principios de noviembre, el fruto alcanza su madurez fisiológica. Si en verano la humedad ambiental es baja, puede darse un paro del cre-

cimiento que se reanudará en otoño, dando lugar a frutos de tamaño reducido y de poco interés comercial.

Se ha probado la inducción del fruto por vía partenocárpica, sin fecundación, por medio de la aplicación de fitorreguladores obteniéndose frutos de tamaño inferior y de forma irregular.

Caída de las hojas

La actinidia es una planta caducifolia, la caída de sus hojas nos indica el final de la vida activa de la planta y el comienzo del letargo o estado de reposo de la actinidia.

La caída de las hojas tiene lugar con las primeras heladas, influenciada por un descenso de la temperatura y una disminución del fotoperiodo. La acción del viento, una poda anticipada o la suspensión anticipada del riego pueden anticipar el proceso. En zonas de clima benigno, la caída de la hoja puede verse retrasada hasta enero-febrero.

VARIEDADES DE ACTINIDIA

Los mejores resultados económicos se han obtenido con frutos de peso superior a los 60 g, mientras que con los de peso inferior se han conseguido pocos beneficios ya que es difícil que sean aceptados en el mercado exterior pues deben competir con la producción neozelandesa.

El éxito de la actinidia depende de la selección de la variedad más apta desde el punto de vista comercial además de agronómico.

Para escoger la variedad a cultivar, es necesario conocer no sólo las condiciones ambientales de la zona sino también las posibilidades productivas de cada variedad tanto desde el punto de vista cuantitativo como cualitativo, como su conservación y su aceptación en el mercado nacional e internacional.

De momento, existe una limitada oferta de variedades entre las que debe elegirse la más adecuada, lo que supone tener en cuenta condicionamientos productivos de mercado y agronómicos. De hecho, las variedades más conocidas y difundidas son cuatro variedades femeninas (Abbot, Bruno, Hayward y Monty) y dos masculinas (Matua y Tomuri).

Para tener más posibilidades de elección, deberá esperarse algunos años aún antes de poder conocer la adaptabilidad a nuestras características edafoclimáticas, de las numerosas selecciones que, sobre todo en Nueva Zelanda, se están estudiando. A continuación, se describen las características de las variedades femeninas y masculinas más difundidas.

Variedades femeninas

Las variedades de actinidia más interesantes cumplen con gran parte de las siguientes propiedades:

— rusticidad y vigor;
— productividad;
— frutos de tamaño grueso-mediano, de forma regular, oval u oblonga, poca vellosidad y fácil de eliminar;
— pulpa consistente y delicuescente, de color verde esmeralda;
— sabor equilibrado entre dulce y ácido.

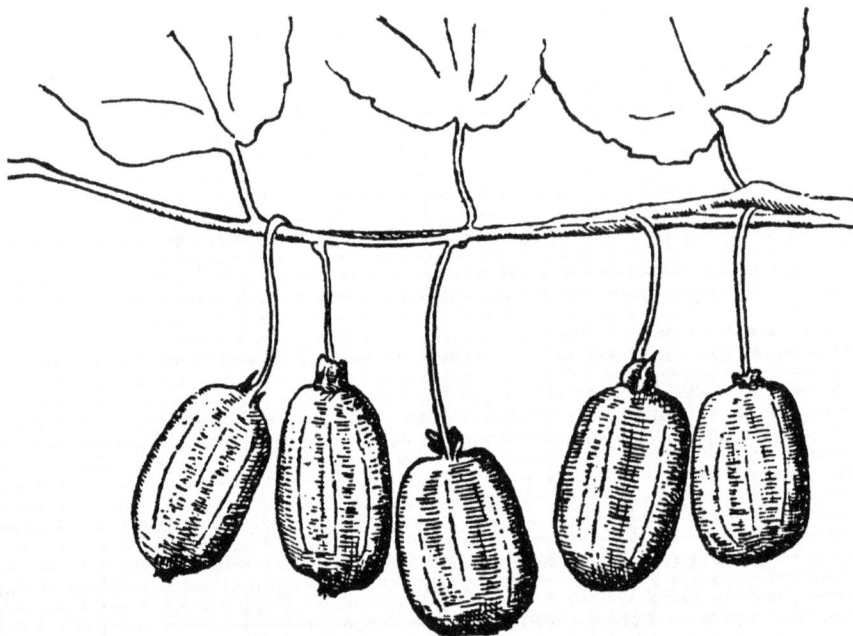

Actinidia arguta 'P'

Es la forma espontánea, extendida tanto en Japón como en Manchuria y en la zona marítima rusa. Fue introducida para su cultivo en Norteamérica en 1886.

La fruta es bastante grande, alargada, a veces casi cilíndrica; la epidermis tiene un color verde oscuro, apagado, bastante firme; la pulpa es verdosa, con un sabor tierno, agradable. Madura a finales de junio.

El reconocimiento de las variedades por las características del fruto es bastante sencillo. Hay tres rasgos importantes a considerar en este aspecto:

— longitud del pedúnculo respecto al fruto;
— peso medio del fruto;
— forma del fruto.

A estas tres características se añaden otras: estrías, color, vellosidad, etc.

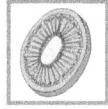

ABBOT

Se trata de una variedad que se desarrolló en Nueva Zelanda a partir de la mejora y selección de diversas variedades que se importaron de China. Empezó a distribuirse y comercializarse, con una aceptación mayor, desde Auckland en la década de 1930.

Árbol: vigoroso, productivo y de floración precoz.

Hojas: generalmente son redondas u oblongas y suelen presentar un ápice mucronado o truncado. La base es cordada, con un radio de 7,5 cm. El peciolo es largo, de unos 6,5 cm.

Flores: son de color blanco-crema y bastante grandes, de un diámetro de 5,5 a 6,5 cm, con pedúnculo muy largo de 5 a 7 cm, agrupadas de dos en dos o de tres en tres y raramente aparecen aisladas. Los pétalos tienen forma redonda o elíptica con el margen ondulado, y las uñas de los pétalos están manchadas de una tonalidad rojo violácea.

Fruto: suele ser de tamaño medio; presenta un peso de 65-75 g y posee una forma elíptica alargada en sección longitudinal y redonda en sección transversal. El cáliz y el ápice suelen ser por lo general muy prominentes. La piel es marronácea y está cubierta de pelos densos y más largos y suaves que en la variedad Bruno. Las dimensiones medias son: longitud, 6,6 cm; circunferencia, 13,3 cm; longitud del pedúnculo, 5,5 cm.

Pulpa: delicuescente de color verde pajizo brillante, de sabor dulce y ácido y perfumada, jugosa. Buenas características gustativas.

Floración: a mediados de la segunda quincena de mayo, estando los árboles florecidos a finales de este mes.

Recolección: a finales de octubre.

Conservación: media, unos 60 días.

Características agronómicas: variedad interesante por su productividad y por la calidad de sus frutos. Generalmente de buena adaptabilidad a los distintos ambientes. Sensible a la clorosis, a los nematodos, a la sequía, al viento, a las bajas concentraciones higrométricas del aire y a los desequilibrios hídricos, con necrosis foliares y herrumbre en los frutos. Produce a partir del tercer o cuarto año de la plantación, empezando un año antes si las plantas son más vigorosas. Índice de fertilidad de 4 frutos/rama.

ALLISON

Creada en Nueva Zelanda por Bruno H. Just, empezó a distribuirse en 1930.

Árbol: muy vigoroso, productivo.

Flores: los pétalos son más anchos y están superpuestos y curvados en los bordes lo que los diferencia de la variedad Abbott. Acostumbran a presentarse en parejas y raramente en tríos o aisladas.

Fruto: de tamaño medio pero más grandes y anchos que los de la variedad Abbott. La piel es marronácea y los pelos densos.

Pulpa: de color verde translúcido, con buenas características gustativas.

Floración: menos precoz que la variedad Abbott.

Características agronómicas: no está muy difundida aunque algunos autores consideran que está mezclada con la Abbott debido a su parecido.

BRUNO

Variedad obtenida en Palmerston North (Nueva Zelanda) por Bruno H. Just en 1920, por mejora y selección de las variedades originarias de China. Empezó a comercializarse en 1930.

Árbol: muy vigoroso y productivo.

Hojas: de forma circular u oblonga con el ápice sobresaliente o bien truncado, radio de 7,5 cm y peciolo de 5,2 cm de longitud media.

Flores: de color blanco-crema con un diámetro de 4,5-5,5 cm, con una longitud del pedúnculo de 3 a 4 cm. Se presentan solas o bien en grupos de 2 o 3. Pétalos elípticos o redondos con matices rojo violáceos en la uña. Los estilos son descendentes.

Fruto: de tamaño medio con un peso de 60-70 g de forma elíptica cilíndrico en sección longitudinal, redondo en sección transversal, ápice y cáliz prominentes. Piel marrón-rosácea oscura, cubierta de pelos oscuros, espesos, cortos y ásperos. Las dimensiones medias son: longitud, 7,1 cm; circunferencia, 12 cm; pedúnculo, 3,2 cm.

Pulpa: de color verde pajizo brillante, jugosa y delicuescente. Sabor ácido, azucarado y perfumado.

Floración: inicio dos días después de la variedad Abbott y termina la floración en 10 días.

Recolección: finales de octubre, principios de noviembre.

Conservación: media en el frutero y buena en la nevera, unos 70 días.

Características agronómicas: es reconocible por su vegetación de color verde intenso. Es sensible a la clorosis, a los nematodos y a la sequía estival. Produce al tercer o cuarto año pero si las plantas son muy vigorosas puede adelantarse la producción al segundo año. Índice de fertilidad de 5,5 frutos/rama.

HAYWARD

Originada en Nueva Zelanda como las anteriores por Hayward R. Wright en 1920 siendo comercializada a partir de 1930. En los Estados Unidos se la denominó Chico antes de que fuera bautizada con el nombre actual.

Árbol: de vigor medio, de producción media y de aparición del fruto tardía, caracteres compensados por las cualidades del fruto que presenta mayores perspectivas de comercialización.

Hojas: de forma circular con el ápice sobresaliente o raramente truncado. Radio de 7,5 cm y peciolo de 5,9 cm de media.

Flores: solitarias y muy raramente en grupos de 2 o 3, de color blanco-crema, con un diámetro de 5 a 6 cm y longitud del pedúnculo de 4,5 a 5,5 cm. Los pétalos son de forma redonda o elíptica con la uña con matices verde amarillentos.

Fruto: de tamaño grande y uniforme con un peso medio de 90-95 g de forma elíptica-oval en su sección longitudinal y ovalado transversalmente con el cáliz hundido y ombligo marcado y achatado. Piel de color pardo-rojizo con reflejos verdosos y cubierta de pelos suaves, sedosos y finos. Las dimensiones medias son: longitud, 6,6 cm; circunferencia, 15,8 cm; longitud del pedúnculo, 4,6 cm.

Pulpa: verde brillante, delicuescente y medianamente jugosa. Su sabor mantiene el equilibrio entre lo dulce y lo ácido, con un aroma agradable.

Floración: tardía, inicia unos días después de la Abbott y termina en 10 días.

Recolección: durante la primera quincena de noviembre.

Conservación: muy buena, tanto en frutero como en nevera, unos 180 días. Es muy resistente a las manipulaciones y al transporte.

Características agronómicas: es sensible a los nematodos, a la clorosis férrica y a la sequía estival. Es muy exigente con las condiciones edafoclimáticas. Se multiplica por estaca. La planta entra en producción a partir del tercer o cuarto año, o un año antes si las plantas son vigorosas. Índice de fertilidad de 4 frutos/rama.

MONTY

Variedad obtenida también en Nueva Zelanda por Bruno H. Just e introducida comercialmente en 1957.

Árbol: muy vigoroso y muy productivo, se sobrecarga de frutos. La madera, sobre todo los sarmientos del año, tienen un color más claro que las otras variedades.

Hojas: de forma redonda con el ápice sobresalido o truncado. Radio de 8 cm y peciolo de 5,2 cm de media.

Flores: de color blanco-crema, de 5 a 6 cm de diámetro y con un pedúnculo de 3 o 4 cm. Están agrupadas en inflorescencias de 2 o 3 y pocas veces se presentan en solitario. Los pétalos son redondos o elípticos con la uña con matices verde amarillentos.

Fruto: de tamaño pequeño con un peso medio de 35-40 g. Su sección longitudinal es alargada, piriforme y transversalmente es oval o redonda. La piel es de color marrón claro cubierta de pelos densos y suaves. Las dimensiones medias son: longitud, 6,4 cm; circunferencia, 13,8 cm; longitud del pedúnculo, 3,1 cm.

Pulpa: de color verde translúcido, jugosa, ácida, de sabor más azucarado que las otras variedades y perfumada.

Floración: contemporánea a la variedad Abbott.

Recolección: a principios de noviembre.

Conservación: no muy buena. No tolera la manipulación.

Características agronómicas: es más resistente que las otras variedades a los nematodos, a la aridez estival y a los terrenos calcáreos. Es una variedad interesante

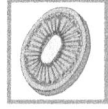

por su gran productividad, tiene un índice de fertilidad de 9, esto hace necesario el aclareo de los frutos si se quiere conseguir un tamaño comercializable. Produce a partir del tercer año de plantación.

Existe otra variedad, la Greensill, muy parecida a la Monty; su fruto es algo más ancho en la base, y puede confundirse con la Monty.

DISTRIBUCIÓN DE LOS POLINIZADORES

El tamaño y la calidad de los frutos dependen, en primer lugar, de la fecundación de las flores. La actinidia es una planta dioica, con lo que la elección de los pies masculinos y su disposición en la plantación condicionan mucho los futuros resultados. Tradicionalmente se coloca una planta masculina en lugar de una femenina en proporción de 1/8, lo que se consigue colocando un pie masculino cada tres pies femeninos, cada tres filas. Algunos estudios realizados en Nueva Zelanda demuestran que el calibre de los frutos mejora notablemente si se aumenta la proporción de pies masculinos a 1/5 con estructuras de tipo T-bar. En ese caso, se encuentran pies masculinos cada dos pies femeninos y cada dos filas.

No se colocará un pie masculino en las primeras filas del huerto, ya que se trata de una zona sombría debido a la situación del cortavientos y eso provocaría la formación de polen anormal y una mala fecundación, lo que repercutiría en el calibre de los frutos.

Actualmente, se colocan pies masculinos por encima de los pies femeninos, más arriba que estos para favorecer su polinización y, además, en una proporción de 1/6. Eso supone un aumento del número de pies femeninos, lo que permite aumentar la producción.

Variedades masculinas

La distinción más utilizada para clasificar los pies masculinos en variedades es la longitud de los pelos de los pedúnculos.

En cualquier cultivo que necesite plantas polinizadoras, se trate o no de actinidia, existen una serie de características que deben cumplir las plantas:

1. Periodo de floración lo más amplio posible para cubrir por exceso el de las plantas femeninas.
2. Floraciones escalonadas y abundantes para tener gran cantidad de polen con el que fecundar a las plantas femeninas.
3. Coincidencia con el periodo de floración de la variedad a polinizar.

M-3

Es una variedad de origen italiano.

Flores: en agrupaciones de 3, pero suele producir en la base de las ramas fértiles racimos con 8 y 12 flores.

Características agronómicas: su floración se inicia unos días antes que la variedad Hayward y concluye algo más tarde. Su floración escalonada asegura la polinización de todas las variedades.

MATUA

Árbol: vigoroso, muy prolífico, con floración abundante y precoz que se alarga bastante.

Flores: agrupadas de 1 a 5. Pedúnculos con pelos cortos.

Características agronómicas: su floración cubre la de casi todas las variedades femeninas pero se anticipa a la floración de la variedad Hayward.

TOMURI

Árbol: vigoroso, con floración que empieza en una época intermedia respecto a las variedades femeninas y se alarga bastante.

Flores: más grandes que la variedad anterior y agrupadas de 5 en 5 pudiéndose encontrar agrupaciones de hasta 7 flores. Los pelos de los pedúnculos son muy largos.

Características agronómicas: es una variedad indicada para la polinización de las variedades tardías, como la Hayward.

REPRODUCCIÓN Y MULTIPLICACIÓN DE LA ACTINIDIA

La propagación de los vegetales puede realizarse de muy diversas formas que pueden agruparse en dos grupos principales:

- *Propagación por reproducción.* Dos células sexuales, contenidas en el grano de polen y en los óvulos que se albergan en el ovario de la flor, se unen para dar lugar a una nueva célula de la cual se formará la semilla en un plazo de tiempo bastante rápido.
- *Propagación por multiplicación.* En este caso la nueva planta conservará inmutables las características de la planta original. La multiplicación puede llevarse a cabo mediante estacas, injertos, acodos o también mediante técnicas de fertilización *in vitro*.

Reproducción

La reproducción por semilla la utilizan los viveristas y los investigadores que buscan nuevas variedades o bien para obtener plantas como portainjertos para variedades definidas y conocidas.

Para los fruticultores la reproducción por semillas no ofrece ventajas por diversos motivos:

— En los cruces se utilizan plantas de ambos sexos con características genéticas interesantes; por un lado, en las plantas masculinas es difícil seleccionarlas ya que no dan lugar a frutos. Por otro lado, las genéticas, debido al alto grado de heterozigosis que se da en las fecundaciones cruzadas, es difícil que se hereden en la descendencia, por lo que obtendremos plantas que no siempre tendrán las características deseadas para una futura comercialización del fruto; no conservarán las varietales de la planta madre.

— Sólo pueden diferenciarse los pies masculinos de los femeninos cuando las plantas han superado el estadio juvenil y aparecen las primeras flores, después de 5-6 años de la germinación de las semillas. A partir de estas se obtiene un 80 % de pies masculinos y un 20 % de femeninos, lo que no es muy propicio para el cultivo de kiwis.

Para la producción de semillas como portainjertos interesa escoger los árboles progenitores con excelentes características agronómicas. El cruzamiento de los pies masculinos y femeninos se controla protegiendo a las flores femeninas del polen indeseado.

Tratamiento de las semillas

Las semillas se extraen por tamizado, a partir de frutos seleccionados por sus características y en estado de madurez óptimo, después de haber desmenuzado el fruto. Las semillas se lavan y se dejan secar durante 24 horas en un lugar sombreado. A continuación, deberán mezclarse con arena contenida en un recipiente en la proporción de una parte de semillas por tres de arena y se dejan en un ambiente fresco con una temperatura de 3-4 °C durante un mes manteniendo el sustrato humedecido. Después se transfieren las semillas a un semillero de cama caliente (18-20 °C), utilizando como sustrato una mezcla de turba y *styromull* (2:1) con 2,4 kg de dolomita y 0,6 kg de CO_3 por m^3 de turba.

La siembra se realiza en un marco de 3,5 (4 cm con las semillas enterradas). El ambiente debe mantenerse con un grado de humedad adecuado. Aquí es donde las semillas germinan.

En esta fase pueden tener lugar infecciones producidas por los hongos de los géneros *Fusarium, Pythium, Verticillium* y *Phytophthora*, por lo que es aconsejable realizar tratamientos preventivos.

El trasplante al campo abierto se puede hacer directamente o bien por pasos cuando las plantas presenten unas 4 o 6 hojas. El semillero se regará un día antes de extraer las plantas para que en el momento del desplante tengan el adecuado grado de humedad. Esta operación debe realizarse con mucho cuidado para evitar la rotura de raíces por donde podrían penetrar parásitos. En el vivero las plantas

---

DIFERENCIAS ENTRE PLANTAS DE SEMILLA Y PLANTAS ADULTAS

- Las hojas son más largas (a veces casi tienen forma de lanza). Los bordes son más dentados y durante el primer año poseen una vellosidad abundante en la parte anterior de la hoja, muy rugosa al tacto.

- Las ramas son más vellosas y el color marronáceo es más marcado que en las plantas adultas.

- Las estacas tomadas de plantas que todavía no han superado el estado juvenil enraízan con más facilidad que las adultas. Las de semilla adquieren el aspecto de adultas a partir del quinto año. Durante el periodo juvenil no florecen.

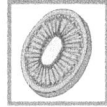

trasplantadas se sitúan a distancias de 100 x 25 cm. A finales del primer año la planta ya podrá injertarse si este es el uso que se quería hacer de ella.

Multiplicación

Esta forma de propagación se efectúa por autoenraizamiento de estacas o por injerto.

La utilización de este tipo de propagación es más interesante para el fruticultor, ya que se abrevia el periodo improductivo de la nueva planta y ofrece la seguridad de obtener individuos iguales a la planta madre de la cual se ha cogido el material de multiplicación. Con el injerto pueden sustituirse variedades o plantas poco aptas para la producción.

En Nueva Zelanda y en California la multiplicación de las plantas se obtiene por injerto sobre pies de la variedad Bruno o salvajes. En Europa se utiliza la multiplicación por estaca de 1 o 2 años. Las plantas de estaca son más convenientes en las zonas septentrionales sujetas a disminuciones térmicas invernales capaces de matar o dañar el cepo o la parte aérea de la planta.

Multiplicación por estaca

Es uno de los métodos más utilizados en la multiplicación de variedades de actinidia. Se parte de segmentos vegetales de variedades tanto masculinas como femeninas, de las que se conocen casi todas sus características agronómicas.

El material utilizado para la obtención de la nueva planta que da mejores resultados son la estaca semileñosa y la herbácea, de resultados inferiores son la estaca leñosa y la de raíz.

ESTACA SEMILEÑOSA

Los mejores resultados obtenidos en el extranjero en la multiplicación de *A. chinensis* por estaca han sido con estaca semileñosa de verano. La preparación de las estacas se realiza en verano aprovechando el material vegetal de la poda en verde.

La estaca se separa de la planta madre en el periodo estival, entre julio y septiembre, en estado maduro, a partir de brotes del año no muy vigorosos, excluyendo de la propagación a la parte apical todavía herbácea. Las estacas tienen entre uno y tres nudos, en función de la longitud de los entrenudos. Si estos son muy largos se puede utilizar una estaca con un solo nudo con hoja, cortándola por encima del nudo sucesivo inferior. Si son cortos se dejarán hasta un máximo de tres nudos, eliminando la hoja del nudo inferior y enterrando esta parte. Las estacas pueden mantener todo el follaje o bien reducirlo a la mitad en función de la superficie foliar y de las dimensiones de las hojas.

Las estacas se tratan con fitorreguladores para favorecer el enraizamiento y con fungicidas para prevenir el desarrollo de criptógamas parásitas. El tratamiento fungicida puede realizarse, antes del tratamiento con fitorreguladores, con Captano, Benomil o TMTD.

Los fitorreguladores más utilizados son el ácido 3-indolbutírico (IBA), el ácido alfa-naftalenacético (ANA) y el ácido indolacético (IAA). El más indicado es el IBA en solución hidroalcohólica en concentraciones de 2.000-4.000 ppm por inmersiones breves (5 segundos) de la parte proximal de la estaca. El ANA se utiliza en polvo y se aplica sobre la parte proximal de la estaca.

Después del tratamiento las estacas se colocan en recipientes con un sustrato de perlita, vermiculita, arcilla o una mezcla de estos sustratos con arena y turba y colocadas en un invernadero de enraizamiento con una temperatura de 22-25 °C y humedad ambiental elevada conseguida por una instalación de bruma intermitente durante unos 40-50 días. Las estacas emiten raíces y se pueden trasplantar las plantas a un recipiente mayor siempre en invernadero, en el cual la temperatura y la humedad se disminuirán progresivamente para permitir el endurecimiento de la planta. Transcurrido el periodo de las heladas tardías, las plantas pueden ser trasplantadas al aire libre. La multiplicación vegetativa por estaca semileñosa es un sistema que necesita de un invernadero con instalación de nebulización, lo cual encarece los costes.

ESTACA HERBÁCEA

Los procedimientos utilizados para la multiplicación por estaca herbácea son prácticamente iguales a los descritos para las semileñosas; la única variación es la época en que se separa la estaca de la planta madre. Las estacas se seleccionan entre finales de mayo y finales de junio. Se puede usar toda la rama, pero para conservar el tronco sólo se corta la estaca a unos 5 cm, en función del punto de unión del año anterior. Se prescinde de la parte demasiado herbácea y se conserva una sola hoja cortada a la mitad. Se entierra unos 5-6 cm, en una mezcla de arena fina, arena gruesa y arcilla a partes iguales. Se realizan tres o cuatro tratamientos fungicidas. Las raíces salen pronto con un 80-90 % de enraizamiento. Esta técnica presenta dificultades para la aplicación en vivero comercial.

ESTACA LEÑOSA

La técnica viverística de multiplicación por estaca leñosa de invierno resulta bastante económica. La estaca se separa de la planta madre en el periodo invernal, entre diciembre y febrero, a partir de ramas de un año de edad, no muy vigorosa, cortadas a una longitud entre uno y tres nudos. Las estacas también se tratan con fitorreguladores que favorezcan su enraizamiento (ANA e IBA a concentraciones de 3.000 y 2.000-3.000 ppm, respectivamente).

Después del tratamiento de enraizamiento, las estacas se colocan en recipientes con perlita, vermiculita y turba en un bancal caliente manteniendo el sustrato a una temperatura de 22-24 °C y humedad ambiental alta. Para mantener el sustrato caliente será necesario el empleo de resistencias eléctricas o tuberías con circulación de agua caliente. A los 50-60 días las estacas habrán echado raíces y se podrán trasplantar a macetas manteniéndolas en invernadero hasta mayo en un ambiente protegido pero no calentado. Después pueden trasplantarse al aire libre. El porcentaje de enraizamiento es variable pero se consideran válidos cuando se dan en el 50-60 %. El tratamiento con fitorreguladores (ANA o IBA) y la práctica de dos cortes en la base de la estaca incrementa el porcentaje de enraizamientos.

ESTACA DE RAÍZ

La actinidia, como ya se ha dicho antes, tiene la capacidad de emitir yemas adventicias en las raíces, sobre todo en las heridas cicatrizadas, lo que hace posible usarlas como sistema de propagación de la planta. El material utilizado son segmentos de raíz de 20 a 30 cm de longitud y con menos de 1 cm de ancho. La época más óptima para la preparación de las raíces es a finales de invierno ya que tienen una elevada concentración de reservas nutritivas. Las raíces preparadas en otras épocas del año emiten brotes nuevos con mayor dificultad.

Para el enraizamiento de la estaca no se necesitan los tratamientos con fitorreguladores ni el uso de sustratos a temperaturas elevadas. Se lleva a cabo en primavera, con la estaca en el sustrato con el extremo proximal a ras del suelo. Hay que regar abundantemente.

Multiplicación por injerto

La actinidia es una planta que se comporta bien en la práctica del injerto. Incluso es más vigoroso un arbusto procedente de injerto que otro obtenido a partir de es-

---

INCONVENIENTES DE ESTE MÉTODO

- Dificultad de obtener segmentos de raíz en grandes cantidades.

- Inseguridad que aparece al desconocer a veces si el trozo de raíz escogida pertenece a la variedad que nos interesa o al portainjertos si se trata de una planta madre que proviene de injerto.

- Las plantas obtenidas tardan mucho en superar la fase juvenil y, por lo tanto, tardan en producir fruto.

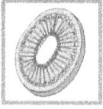

taca. Con la técnica del injerto pueden resolverse una serie de problemas de gran importancia:

— puede resolver en breve tiempo el problema de la reconversión varietal en las instalaciones hechas con variedades poco aptas;
— se pueden resolver problemas de mala distribución de los pies masculinos o bien sustituirlos cuando resulten no ser los ideales para las variedades femeninas plantadas;
— permite la producción de material de vivero de primera calidad siempre que se disponga de portainjertos de semilla o clonados capaces de dar vigor y resistencia respecto a las diversas condiciones edafoclimáticas desfavorables.

Cuando existe el convencimiento de que en una plantación algunos árboles no responden a las características de la variedad plantada, es posible solucionar el problema sobreinjertando los árboles con púas de la variedad deseada, sustituyendo gradualmente toda la madera de la planta. Los injertos que funcionan bien en estos casos son el inglés y el injerto a la mallorquina. Si las ramas son de un diámetro importante puede ser eficaz el injerto de púa de corona. A la hora de realizar los injertos se debe tener en cuenta:

— la conformación anatómica de las yemas;
— la actividad vegetativa del portainjertos y del injerto;
— la fácil deshidratación de las púas;
— el rápido crecimiento de los portainjertos;
— escoger bien el material a injertar, ya que muchas yemas que no están perfectamente preparadas y lignificadas encuentran serias dificultades para brotar.

DISTINTOS TIPOS DE INJERTOS

La clave del éxito viene condicionada por las yemas y púas utilizadas. Las púas han de provenir de sarmientos de un año y estarían situadas al inicio en la zona central de la rama. Los sarmientos que ya han dado fruto y son débiles deben descartarse. Las púas deben conservarse a bajas temperaturas (2 °C) y humedad elevada dentro de bolsas de polietileno. Si el injerto se realiza en primavera o verano, las púas se recogerán antes de que inicie el desarrollo de la planta, durante la primera quincena de febrero. Los injertos que más se avienen a la actinidia son: el injerto a la mallorquina o de ojo durmiente, el injerto inglés o hendidura doble, el injerto de hendidura simple y el injerto de triángulo.

• *Injerto a la mallorquina:* se realiza a finales de agosto y a primeros de septiembre. El injerto es un escudete o una yema con una porción de corteza y de madera de la variedad que se quiere propagar. El portainjertos puede ser una planta de un año que provenga de semilla o de estaca. El injerto se realiza sobre pies

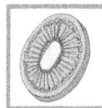

madres con un diámetro de 7-8 mm y sobre una altura del suelo de unos 20 cm. El injerto se ata con rafia, o con cinta de goma o de plástico y se protege con resina. En 10-15 días, el injerto prende pero la yema no evolucionará hasta la primavera siguiente. Antes de que la planta empiece de nuevo su ciclo vegetativo con el buen tiempo, se cortan las ataduras y si el injerto ha prendido bien se corta el portainjertos por encima del punto de injertación. Con este tipo de injerto se han obtenido buenos resultados de cicatrización y un buen porcentaje de prendimiento y, además, es fácil de realizar, por lo que puede aplicarse también en viveros.

Para impedir la deshidratación de la púa, el injerto puede estar protegido por dos hojas enrolladas una sobre la otra para evitar la colocación de resina que impide la oxigenación de la herida.

• *Injerto inglés* o *de hendidura doble:* se realiza a finales de enero o principios de febrero. La púa está constituida por un trozo de rama con una o más yemas mientras el portainjerto suele ser una planta joven. La púa y el portainjerto, de igual diámetro, se cortan oblicuamente y en el tercio superior de la sección de cada corte se realiza un corte en forma de lengüeta para que las dos partes puedan encajarse. Tanto la zona de empalme como la superficie de unión expuesta se protegerán con resina y se atarán con cinta de goma. Para conseguir una buena soldadura del injerto, es aconsejable la forzadura a 20-25 °C durante 20 días; después, las plantas injertadas se colocarán en un local protegido hasta que se trasplanten en primavera.

Este tipo de injerto tiene un buen porcentaje de prendimiento y cicatriza bien, pero su ejecución no es tan sencilla como el a la mallorquina.

• *Injerto de hendidura simple* o *empalme oblicuo:* se realiza a finales de mayo o principios de junio. La púa se conserva en el frigorífico hasta el momento del injerto; el portainjerto es un brote basal de la planta. Las dos superficies se cortan oblicuamente y se ensamblan atando el injerto con una cinta de goma y protegiéndolo con resina en frío. Este tipo de injerto engloba las ventajas que resultan de un buen prendimiento con una óptima cicatrización, por lo que puede utilizarse si los otros tipos de injertos no dan buen resultado. Se utiliza para cubrir los fallos de otros injertos.

• *Injerto de triángulo:* se realiza en febrero-marzo en plantas jóvenes o bien para injertar y sustituir una variedad. Sobre el portainjerto cortado se hace una incisión y se extrae un trozo de madera y corteza en forma de cuña piramidal; la púa, un tronco de rama con una o más yemas, se corta también en forma de cuña piramidal al igual que el portainjerto, para que queden bien encajados el uno en el otro y las dos zonas de cámbium estén en contacto. La zona de injerto se ata con cinta de plástico y se protege con resina. Los resultados de prendimiento son buenos y es fácil de realizar pero el tipo de cicatrización es peor que en el injerto inglés.

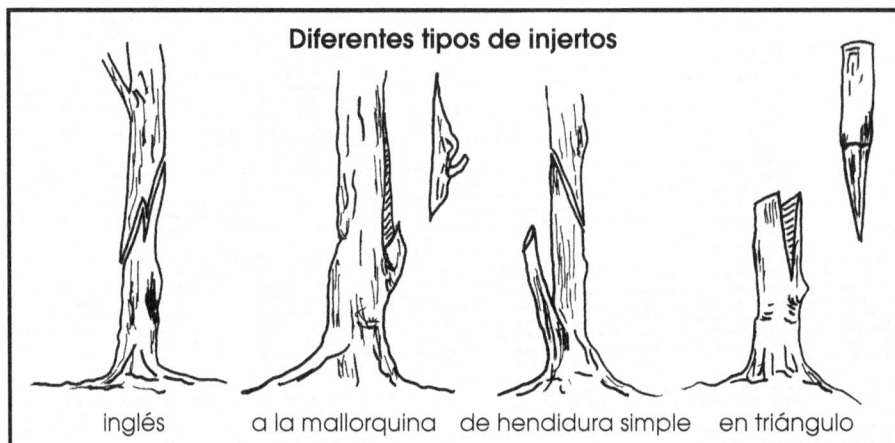

Diferentes tipos de injertos

inglés   a la mallorquina   de hendidura simple   en triángulo

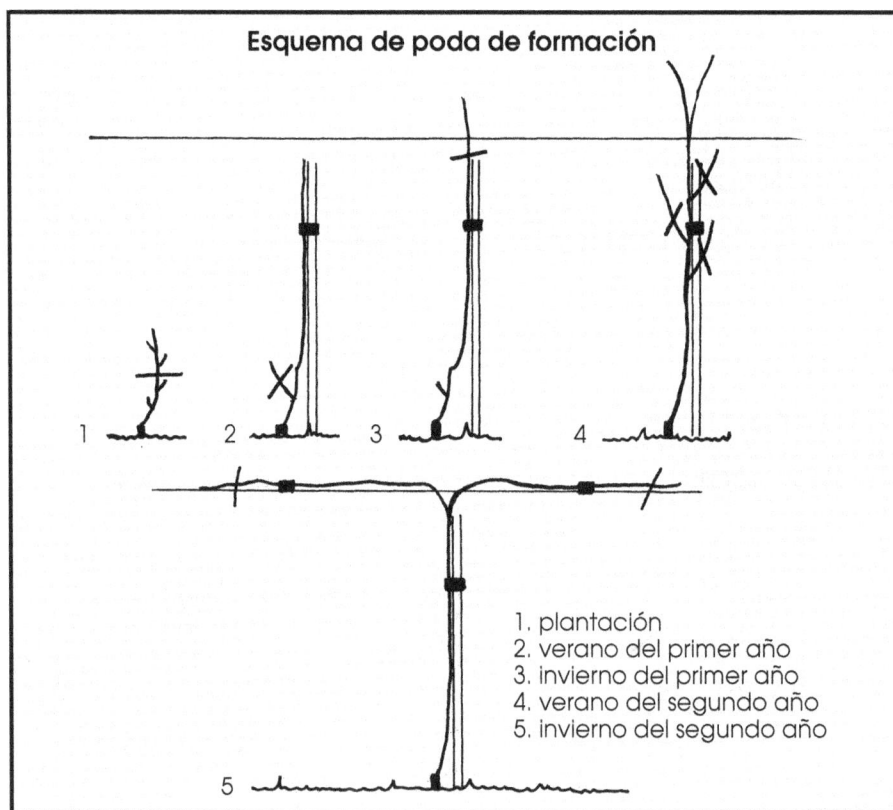

Esquema de poda de formación

1. plantación
2. verano del primer año
3. invierno del primer año
4. verano del segundo año
5. invierno del segundo año

Multiplicación *in vitro*

Gracias a los dos sistemas de propagación expuestos, los más utilizados actualmente, pueden obtenerse plantas homogéneas y de vigor parecido a la planta original, pero ninguno de los dos métodos da una fiabilidad del cien por cien. En los últimos años se ha estado buscando un método alternativo para la propagación de la actinidia y aplicable a la propagación en viveros.

La técnica del cultivo de tejidos *in vitro* permite una propagación clonal rápida, asegura la homogeneidad del material obtenido y ofrece máximas garantías de sanidad y variedad; esta técnica está todavía en fase de estudio en algunos de sus aspectos. El proceso de micropropagación consta de tres fases:

— establecimiento del cultivo estéril y siembra del material vegetal;
— propagación y multiplicación;
— enraizamiento y aclimatación.

El material de partida para establecer el cultivo vegetal puede ser de diferentes partes de la planta: trozos de raíz, el tallo, de hojas, de receptáculos florales, etc., pero los mejores resultados se obtienen con ápices meristemáticos y con las partes apicales de las yemas. Estos materiales, al cultivarlos, producen la formación de un callo, es decir, células indiferenciadas que después de diversas generaciones *in vitro* pueden dar brotes. El material escogido para el cultivo debe ser esterilizado para evitar contaminaciones posteriores del cultivo. La fase de propagación tiene como objetivo obtener a partir de las yemas axilares del cultivo el máximo número de brotes posibles. Los brotes obtenidos deben enraizarse para dar origen a plantas que deberán superar la crisis que supone el paso de las condiciones de cultivo *in vitro* a las técnicas normales de cultivo. El enraizamiento puede hacerse tanto *in vitro* como *in vivo*. Para conseguir un buen enraizamiento en invernadero es necesario tener un nivel bajo de luz, temperatura moderada y humedad relativa alta.

CONDICIONES CLIMÁTICAS Y EDAFOLÓGICAS

La actinidia es una planta cuyo hábitat natural en el valle del Yang-tseé se caracteriza por:

— inviernos muy fríos, llegando a temperaturas de –30 °C y veranos cálidos entre 20-30 °C.
— pluviometría: las lluvias son más bien escasas en invierno; a partir de abril, cuando el monzón tropical se hace notar, es cuando se registran los valores máximos de precipitación;
— elevado grado de humedad relativa de la atmósfera durante el periodo estival a causa de las lluvias frecuentes y de abundante vegetación;
— luminosidad: radiación global de 100-140 kcal/cm^2 al año; la luminosidad es menor en verano y mayor en otoño.

Estudios realizados en Italia muestran que la actinidia tiene una gran capacidad de adaptación a diferentes condiciones ambientales por lo que no se pueden hacer demasiadas generalizaciones, sino que es necesario realizar un análisis previo de las posibilidades de éxito de su cultivo en cada microclima concreto. Los factores a tener en cuenta son la temperatura, el viento, la humedad relativa, la pluviometría y la insolación.

Temperatura

El cultivo de la actinidia prefiere un clima más cálido y húmedo en verano, y suave en invierno. Las bajas temperaturas son un freno a este cultivo. En estado leñoso, las plantas pueden aguantar bien, sin sufrir alteraciones, temperaturas extremadamente bajas, hasta los 15-16 °C bajo cero. Pero, a partir de ahí, se pueden observar graves lesiones como la necrosis de las yemas y la corteza o incluso la del tronco y la destrucción de las ramas.

Esta resistencia a bajas temperaturas disminuye progresivamente cuando se acerca el rebrote vegetativo. Así, temperaturas de –3 o –4 °C a finales de febrero pueden provocar la necrosis de las yemas y los nuevos brotes y corteza, hasta las ramas que sean destruidas por la necrosis de leño.

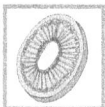

Esta resistencia a las bajas temperaturas disminuye gradualmente a medida que se acerca el inicio de la nueva época vegetativa, de tal modo que, temperaturas de –3 o –4 °C a finales de febrero, pueden provocar necrosis en las yemas y en los nuevos brotes.

Heladas de primavera

El periodo crítico se da entre finales de febrero y finales de abril, época en que se produce el desborre, con lo que las yemas o los brotes recién formados, repletos de agua, se encuentran en un momento muy delicado, ya que temperaturas cercanas a 0 °C son suficientes para destruirlos. Al dañarse los brotes tiernos, se ve afectada la producción ya que son los portadores de los botones florales. En lugares donde la temperatura en el momento de la brotación disminuye hasta –1,5 o –2 °C es imprescindible la instalación de riego por aspersión como sistema de protección. Con temperaturas de –8 °C puede darse una defoliación total de la planta.

Heladas de otoño

Estas heladas son peligrosas debido a que pueden producir pérdida de frutos que todavía están en el árbol. Además pueden provocar la destrucción de brotes tiernos al encontrarse la planta activa vegetativamente.

Viento

Representa el 70 % de los factores limitantes en una plantación cuando es violento, superior a 30 km/h y persistente, tanto por sus efectos mecánicos como por los desequilibrios fisiológicos que produce. Los efectos mecánicos consisten en:

— rotura de los brotes tiernos, lo que impide la formación del árbol deseado;
— rotura de raíces debido al movimiento de la parte aérea;
— rotura de flores, lo que provoca una disminución de la producción;
— rotura de hojas;
— dificulta el trabajo de polinización de las abejas;
— si el viento proviene del litoral lleva consigo una considerable carga de sal que puede quemar las hojas y los brotes tiernos.

Los desequilibrios fisiológicos que se producen pueden resumirse en:

— aumento de la tasa de evapotranspiración;
— exceso de transpiración foliar, no compensado por la absorción radicular, lo que conlleva una necrosis del follaje y una defoliación prematura.

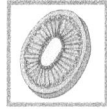

Para evitar la acción del viento sobre la plantación en caso que pueda ser un factor limitante, es necesario instalar un cortavientos antes de realizar la plantación. Las características del cortavientos son:

— permitir una permeabilidad del 40-50 %;
— tener una altura que sea 1/5 o 1/8 parte de la distancia a proteger de la parcela;
— orientación perpendicular a la dirección del viento dominante si es posible;
— continuidad para evitar el efecto túnel, evitando así instalar tramos superiores a 150 m.

Higrometría

Es un factor fundamental para la buena adaptación de la actinidia. Los ambientes con una humedad baja son poco aptos para el cultivo de esta especie. Su gran superficie foliar supone tasas transpiratorias elevadas si la humedad disminuye a valores del 30-40 %. El agua perdida en este proceso no se compensa por el agua absorbida por las raíces. Este desequilibrio hídrico provoca los primeros síntomas de marchitamiento seguido de una desecación de la hoja y hasta una defoliación. También es importante el daño que provoca en el crecimiento de los brotes que se ve disminuido.

Un bajo nivel higrométrico del aire acompañado de una elevada temperatura representa un gran inconveniente en las zonas expuestas a vientos. Es por ello preferible escoger, a ser posible, microzonas cercanas a ríos, en fondos de valles y protegidas de los vientos con una humedad ambiental elevada.

La elección del sistema de entutorado en forma de T-bar, que no da una forma final de la planta en túnel, la presencia permanente de hierba y la utilización de un sistema de riego de climatización pueden ayudar a mejorar las condiciones de humedad relativa y la parcela con las limitaciones lógicas que supone el cultivo al aire libre que no permite conseguir un control total de la humedad relativa ambiental.

Pluviometría

Uno de los factores principales de la ecofisiología de la actinidia es el agua, en el doble aspecto de la cantidad de agua que necesita absorber para mantener sus tejidos en el grado de hidratación óptimo para realizar su metabolismo, y en el de poder compensar las pérdidas por transpiración de acuerdo con la demanda de evaporación de la atmósfera.

La actinidia en el primer año de cultivo presenta un fuerte estrés durante la mayor parte de su periodo vegetativo. Esto lo pone de manifiesto el fuerte cierre estomático debido a una excesiva radiación que promueve una disminución de la tasa fotosintética y un aumento de la tasa respiratoria, con lo que se da un descenso de la productividad. Simultáneamente aparece el fenómeno del folletaje debido

al efecto conjunto de los déficit hídricos y las elevadas temperaturas foliares. En condiciones de extrema sequía y de baja humedad relativa ambiental se detiene el crecimiento de los frutos y las producciones no alcanzan el tamaño ni la calidad apreciada en el mercado.

La solución recae en el uso de sistemas de sombreado durante los primeros años de cultivo, la adaptación del entutorado a sistemas que permitan la aparición de hojas de sol con función parasol y hojas de sombra con función fotosintetizadora, y la creación de un microclima en el interior de la copa favorable a la planta.

La inundación del terreno conlleva una disminución de la disponibilidad de oxígeno por las raíces. La falta de oxígeno provoca epinastia, clorosis, necrosis foliar, reducción del crecimiento y muerte en el peor de los casos. Todos estos procesos se deben a cambios en determinados procesos fisiológicos como a un aumento de la concentración de etileno, un aumento de la resistencia a la difusión estomática y una acumulación de productos biotóxicos.

Insolación

Esta planta, como todas las lianas, requiere mucha luz, pero un sol muy fuerte y ardiente le es muy desfavorable. La insolación óptima es de 2.200-2.300 h/año. En China, la iluminación es menor en verano, al contrario que en nuestras latitudes.

Si la iluminación es importante, puede ocasionar problemas de elevada transpiración y, si a ese inconveniente le añadimos la presencia de elevadas temperaturas en verano, existe el riesgo de que aparezcan desecaciones foliares de importancia.

En España se recomienda usar mallas antigranizo que, además de su propia utilidad, reducen en un 15 % la luminosidad que llega a la planta; por otra parte, las mallas provocan un aumento de la humedad ambiental y reducen la velocidad del viento. También se puede aumentar o disminuir la exposición mediante el sistema de formación y las podas posteriores.

De todas maneras, la actinidia tolera una mayor luminosidad de la zona mediterránea; la utilización del sombreado mejora la producción de la planta, pero si es excesivo puede provocar una inducción floral deficiente y una maduración poco desarrollada. Sus frutos, cuando están a punto de ser recolectados, pueden ser dañados por un golpe de sol.

Granizo

Las precipitaciones en forma de granizo se dan en el periodo estival y durante el otoño, provocando muchos daños, sobre todo en los frutos en fase de maduración. Las heridas que produce son un punto importante de entrada de enfermedades a la planta. La protección contra el granizo consiste en la instalación de mallas sobre el cultivo. Si la planta está dañada, es aconsejable la desinfección con Captan o productos de efecto similar.

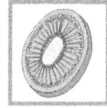

Características edafológicas

La calidad de la cosecha depende también del suelo. La actinidia es una planta que se adapta bastante bien a una gama amplia de texturas de suelo siempre y cuando permitan un buen desarrollo y acomodación de su característico sistema radical, que es escaso y superficial. Así pues, las características de su sistema radical, como son la poca tolerancia a la escasez de oxígeno y la predilección por colonizar las capas superficiales ricas en materias orgánicas junto con la sensibilidad de la planta a los valores de pH y el contenido en carbonatos que pueden determinar la manifestación de clorosis, son los puntos a tener en cuenta a la hora de escoger el terreno más apto.

En general, las características del tipo de suelo óptimo para la actinidia debe ser ligero, profundo, fresco, con un buen contenido de materia orgánica, bien drenado y con un pH neutro o ligeramente ácido y poca sal. Pueden admitirse como buenos suelos de aluvión permeables, de textura arcillosa —arenosa o arcillosa— limosa.

La actinidia puede cultivarse también en suelos pedregosos siempre y cuando se realice un buen control en la administración del riego con abonos orgánicos y minerales. El máximo ideal considerado es de un 8-10 % de humus.

Los terrenos demasiado arcillosos, compactos y poco permeables deben evitarse ya que la acumulación de agua puede determinar la asfixia radicular con la consecuente muerte de la planta. En este tipo de terreno las raíces llegan a salir a la superficie, con lo que se demuestra la necesidad de oxígeno que caracteriza a las raíces de actinidia. En este tipo de terreno debe implantarse un sistema de drenaje adecuado que permita la eliminación del agua sobrante de los riegos. El sistema de riego en cada caso debe supeditarse al tipo de terreno que hay en la plantación. Tampoco son adecuados los terrenos muy calizos, por la elevada sensibilidad de la actinidia a la clorosis. Puede considerarse como límite ideal teórico inferior por el pH el de 7,7, e idóneo el que va de 6 a 7,5. El porcentaje de caliza no debe ser superior al 5 %.

COMPOSICIÓN GRANULOMÉTRICA DE LA TEXTURA DEL SUELO ESTÁNDAR DESEABLE PARA LA ACTINIDIA*	
arcillas	9,9 %
limo	26,8 %
arena fina	53,0 %
arena gruesa	10,3 %
* Según R. Monnet.	

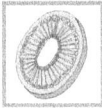

En esta textura son mayoritarios los materiales con pH entre 0,02 y 0,2 (arena fina).

Los terrenos neutros o algo ácidos son los que mejor se acoplan a las exigencias de la actinidia. El grado de pH puede ampliarse hasta 7,5 si hay menos de un 5 % de caliza en el terreno. En el caso de que el contenido de caliza sea superior al 5 % tienen que evitarse estos valores altos de pH, todo y que este contenido en caliza ya es perjudicial para la planta. Al aumentar el pH o el contenido en caliza se incrementa también el riesgo de clorosis férrica, enfermedad que no depende solamente de estos factores... La corrección del pH elevado puede hacerse con la utilización de compuestos acidificantes, con materia orgánica o mediante técnicas de cultivo como la capa herbosa. La actinidia es tan exigente como el melocotonero por lo que a suelos se refiere, por lo que puede tomarse a este cultivo como referencia para saber en qué zonas será fácilmente cultivable a pesar del contenido calcáreo del terreno, característica ampliamente difundida en España.

Por lo que se refiere a la disponibilidad hídrica del terreno, esta especie rechaza tanto las condiciones de exceso de agua, aunque sea temporal, como de sequía, aunque esta se limite al estrato superficial, ya que el aparato radical es poco profundo, por lo que se deberán hacer riegos constantes manteniendo el suelo no encharcado.

Por último, es de gran interés conseguir unos niveles de materia orgánica en los terrenos donde se emplace la plantación, incorporando restos vegetales humificables en cantidades convenientes o conservando la materia presente en el terreno.

PLANTACIÓN DE LA ACTINIDIA

Antes de proceder a la plantación de la actinidia, es necesario efectuar un examen exhaustivo de las condiciones ambientales y técnicas que pueden condicionar el éxito de la plantación. Los factores ambientales a tener en cuenta son los climáticos y edafológicos ya considerados. También es importante la elección de la variedad, lo que comporta no sólo el conocimiento de las condiciones ambientales sino también las posibilidades de producción cualitativas y cuantitativas de cada variedad y su conservación.

Después de tener en cuenta todos estos factores, debe estudiarse el material de vivero de partida para el cultivo, el marco de plantación, el tipo de soporte más conveniente y la distribución de los pies masculinos, además de realizar una buena preparación del terreno.

Preparación del terreno

Primero se procede a la nivelación del terreno y, más tarde, al abonado de fondo y a la roturación, la profundidad de la cual dependerá de la estructura del terreno. En los terrenos ligeros, los que tienen una capa inferior de arena, esta operación puede limitarse a una buena labranza profunda. En los medios la roturación se efectuará a una profundidad variable entre 80-110 cm. En el caso de una roturación profunda que supere los 90 cm, puede ser útil destinar el terreno a los cultivos agrarios normales evitando los que puedan ser huéspedes de nematodos.

La mejor época para preparar el terreno es el periodo estival, ya que el terreno removido se beneficia de la influencia positiva de las condiciones atmosféricas y se reordena su estructura.

Época de plantación

La plantación debe hacerse utilizando plantas procedentes de semilla con uno o más injertos en vivero, o sin injertar, para efectuar dicha práctica después de la plantación sobre el terreno, o mediante estaquilla. El momento ideal para trasplantar una actinidia es cuando entra en estado de reposo.

Las plantas con raíces pequeñas y tiernas conviene plantarlas con el cepellón de tierra incluido. En cambio, las de 2 años de edad, con un aparato radical robusto y bien lignificado, pueden plantarse a raíz desnuda en otoño.

La época de plantación está en función del material que se utilice. Las de semilla y las injertadas se plantan en el terreno a finales de año, en noviembre y diciembre, mientras las de estaca que vengan de vivero con cepellón se plantan en marzo-abril, pasado el riesgo de heladas, aunque se haya producido brotación.

Ahoyado y plantación

Las plantas se colocan en hoyos de 30-40 cm de profundidad y lo mismo de diámetro, distribuidos según el marco de plantación previsto. Las raíces de las plantas deberán estar sanas, por lo que es aconsejable limpiarlas e inspeccionarlas antes.

Sobre el fondo del hoyo se distribuye la parte de fertilizantes reservados al abonado localizado, encima se coloca un estrato de tierra fina y luego la planta procurando no enterrar el cuello, que debe mantenerse por encima del nivel del suelo. Se acaba de rellenar el hoyo con tierra fina que deberá comprimirse a medida que se añade para que se adhiera bien a las raíces. Después de esto y en los días sucesivos, si no llueve, es necesario regar frecuentemente alrededor de las plantas a no ser que puedan darse heladas imprevistas.

Selección del material de vivero

Las plantas que en la práctica son las más aconsejables para hacer una plantación con un alto porcentaje de éxito son las de 2 años de edad, con unas raíces robustas y desarrolladas. Estas plantas permiten ganar un año de tiempo con respecto a las de primer año en la formación de la plantación; además, poseen una rápida velocidad de crecimiento.

Las plantas de tercer año y con raíz desnuda son más vigorosas, aunque a veces resultan más lentas en su entrada en vegetación y su precio resulta más elevado.

Las plantas procedentes de maceta son siempre más débiles que las que vienen de terreno y es necesario plantarlas con cepellón de tierra.

El material de vivero se compone por plantas de estaca, de uno o 2 años, de semilla, que se injertarán una vez plantadas, y los plantones de un año que ya están injertados.

Plantas procedentes de estaca

Las que han permanecido un año en vivero tienen una constitución más débil que las que tienen 2 años de edad. Las primeras deben plantarse con cepellón de tierra, puesto que se comercializan en maceta, y requieren más cuidados. Si las esta-

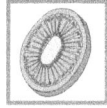

cas se mantienen durante un año, producen un sistema radical más robusto y desarrollado, y pueden llegar a plantarse a raíz desnuda resistiendo con facilidad los fríos invernales.

Plantas procedentes de semilla

Estas plantas son sólo aconsejables para plantaciones de poca extensión, por necesitar atención y cuidados continuados. Se plantan en el terreno una vez han adquirido un diámetro superior a 1 cm y un aparato radical importante.

Plantas injertadas

Son plantas procedentes de plantones de un año de edad, a partir de plantas de semilla injertada. Necesitan 3 años, entre crecimiento del patrón y del injerto, antes de plantarse en el terreno. Este retraso se compensa por una entrada en producción más adelantada que en los otros plantones. Los costes de producción de este material son mayores.

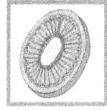

FORMAS DE CULTIVO
Y ESTRUCTURAS DE SOPORTE

La planta de la actinidia es trepadora con un porte sarmentoso. Tiende a producir una gran cantidad de masa vegetativa, desordenada y sin una forma propia. Por estos motivos y con tal de asegurar un cierto equilibrio entre la actividad vegetativa y la productiva, además de un uso racional de la superficie, es indispensable la utilización de formas de cultivo correctas, de soportes y, en fin, de una poda adecuada.

Como en la viña, los soportes y la poda son muy importantes para contener el vigor vegetativo y asegurar una buena fructificación. Las formas de cultivo más comunes son:

— en espaldera o cordón;
— en T-bar o emparrado;
— en túnel;
— en pérgola.

Por ello, desde el momento de la instalación es oportuno disponer las estructuras de soporte formadas por palos, de madera o de cemento, suficientemente robustos, que sostengan los alambres. Cada planta, en las formas de cultivo en espaldera y en T-bar, se coloca entre dos palos de soporte para que su peso quede más distribuido, sobre todo cuando está cargada de frutos.

Cultivo en espaldera

El sistema en espaldera fue uno de los primeros sistemas utilizados para el cultivo de la actinidia. La estructura de soporte de esta forma de cultivo está formada por palos de una altura de 2,1-2,2 m y por alambres de hierro. Estos se colocarán a distintas alturas según se trate de cultivo en espaldera con uno, dos o tres alambres o cordones. Si se quiere criar las plantas con dos alambres, estos se pueden colocar a 90-110 cm el primero y a 180-200 cm el segundo. En las plantas criadas con tres cordones se ponen estos a 80-90 cm el primero, a 140-150 cm el segundo y a 200-210 cm el tercero. La utilización de cualquiera de estos tres será en función de la variedad o vigor que esta desarrolle en cada condición climática y edáfica.

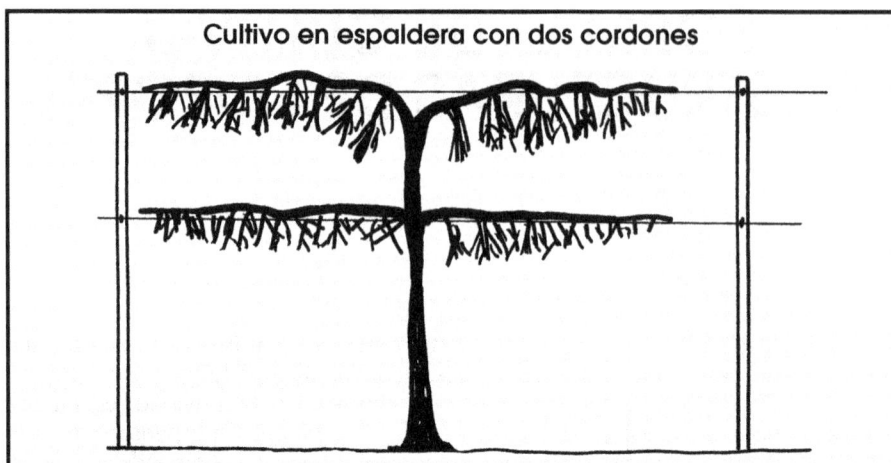

Cultivo en espaldera con dos cordones

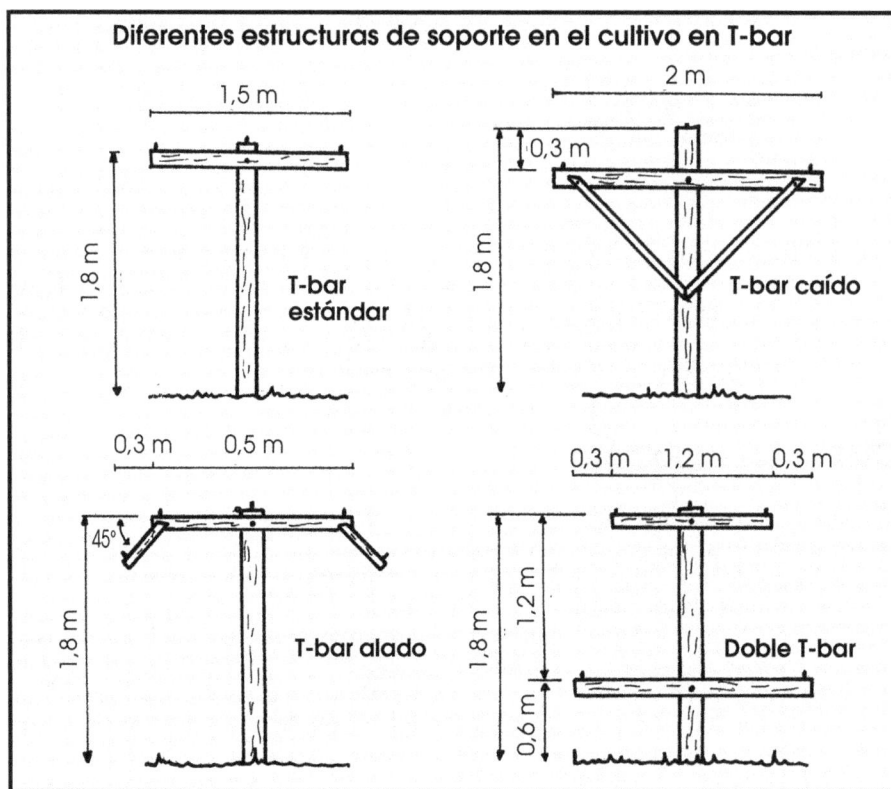

Diferentes estructuras de soporte en el cultivo en T-bar

Cultivo en espaldera de dos cordones

La conducción del arbolado será distinta desde el principio según se adopte cualquiera de las tres variantes. Si se hace con un solo tronco, este es dirigido al alambre superior y doblado hacia un lado sobre él. De la parte vertical del tronco surgirán brotes que se dispondrán tanto sobre el alambre superior como sobre los inferiores, si los hay, para formar cordones de los que derivarán las ramas fructíferas. En la forma de dos troncos se intentará dirigir un tallo sobre el alambre superior y los otros sobre los inferiores. A partir de la parte vertical de estos tallos se desarrollarán brotes que serán extendidos en las zonas aún libres de los alambres para completar los pisos de cordones que llevarán las ramas fructíferas.

INCONVENIENTES DE LA ESPALDERA

- Exposición excesiva al sol y al viento, lo que facilita la evapotranspiración de la planta y, en el caso de los frutos, produce alteraciones de tipo fisiológico que ocasionan el «planchado» o alteración externa debido a la acción solar.

- Dificultad de conducción de la planta y desequilibrios de peso sobre un solo alambre, lo que puede conllevar la rotura de la rama principal. Puede evitarse con la utilización de postes de hormigón armado y alambres de grosor especial.

- Producciones del orden de un 30-40 % inferiores a las obtenidas por otros sistemas de cultivo.

- La forma final de la planta no mejora el microclima sobre la estructura vegetativa.

Cultivo en T-bar o emparrado

Este sistema de cultivo se ha ido imponiendo en los últimos años debido a los buenos resultados obtenidos en Nueva Zelanda. Se utiliza para responder a las exigencias fisiológicas del sistema de poda adaptado a la actinidia. El sistema T-bar representa un punto intermedio entre la espaldera y la pérgola.

La estructura de soporte está formada por un poste de 1,8 m de altura por el que pasa el alambre central de 3,9-4,4 mm de diámetro. A su misma altura y a una distancia de 75-80 cm se colocan otros dos alambres sostenidos por estructuras que forman el travesaño. La longitud de las alas del travesaño puede ser superior debiéndose, en este caso, disponer más de un alambre en cada lado. Los alambres laterales paralelos al central sirven sólo para sostener los brotes (futuras ramas fructíferas).

Esquema de contraespaldera de actinidia

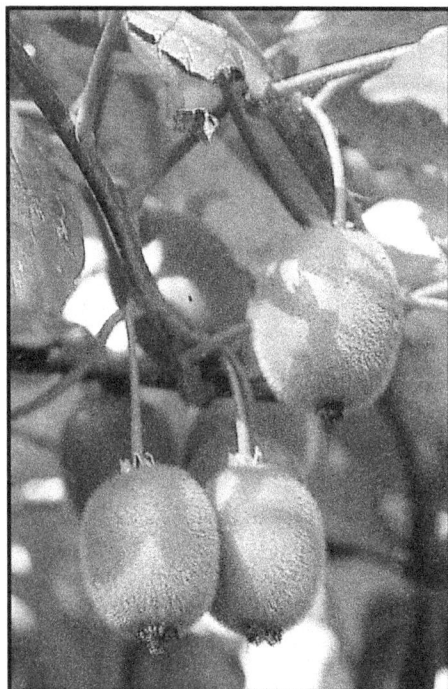

Un emparrado de actinidia, con una producción muy abundante

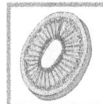

Cultivo en túnel

El cultivo en túnel agrupa las líneas por parejas y dirige las plantas de cada par de líneas hacia el pasillo central. La estructura de soporte está constituida por postes cuadrados o rectangulares que sostienen gruesos alambres que a la vez sostienen a otros alambres que forman una malla de 50 cm de lado. La dirección de las ramas fructíferas del primer piso se hace en sentido longitudinal sobre los cordones y las del piso superior se guían por encima de la estructura de malla y transversal hacia la línea colocada en la zona opuesta de cada agrupación. Con este sistema los frutos quedan protegidos de la insolación y de la acción del viento, aunque el coste de instalación es mayor y la poda de mantenimiento es algo complicada.

Cultivo en pérgola

La pérgola se podría definir como dos T-bar unidas. Se caracteriza por la continuidad del tapete vegetal y la no formación de laterales. La vegetación forma un piso continuado y los frutos se tienen colgando por debajo del follaje. A menudo, este sistema ofrece una superficie foliar por hectárea superior a la obtenida con el sistema T-bar.

La estructura de soporte está constituida por palos situados a una distancia de 3 m dentro de cada línea, con 6 m entre las líneas. Las plantas van desarrollándose sobre el plano horizontal determinado por la red de alambres extendidos.

Hace unos años se ideó un sistema de pérgola para aumentar la producción, en forma de techo de fábrica o zigzag y orientado en dirección N-S para disminuir el sombreado. Las partes más altas alcanzan los 2 m y las más bajas los 1,4 m.

El principal inconveniente de este sistema es su coste y realización. Su ventaja, es que ofrece una gran protección de los frutos del viento, ya que las ramas fructíferas descansan siempre sobre la estructura de soporte y no cuelgan como sucede en el T-bar.

La estructura en pérgola es excelente para optimizar la producción de los pequeños productores meticulosos para los que la organización del trabajo y el tiempo (mano de obra) no constituyen problema.

Construcción de la estructura

Se debe ser meticuloso en la construcción de la estructura ya que deberá soportar del orden de 80-100 kg de frutos por árbol. Para ello, es necesario utilizar buen material para que la instalación dure muchos años, y se deben fijar bien los extremos de las líneas, pues de ellos depende la rigidez y estabilidad de la línea. Los postes y el alambre central deben instalarse en el momento de la plantación o justo después. Las barras transversales de los T-bar y los alambres laterales pueden colocarse el invierno siguiente.

Consideraciones sobre los diversos sistemas de cultivo

La elección inicial del sistema de soporte se hizo en un principio según la tradición productora de la zona de implantación de la actinidia. Así, la espaldera fue uno de los primeros para la conducción de la actinidia, sobre todo en las zonas tradicionalmente fruteras, y en las zonas de viñas se usó el sistema T-bar.

Se ha visto que el sistema de espaldera presenta notables limitaciones. Actualmente, la técnica de la espaldera ha sido abandonada por las múltiples desventajas que posee.

Los sistemas de túneles y pérgolas tienen ventajas e inconvenientes parecidos, ya que los dos protegen de forma similar a los frutos de la insolación y del viento, pero los costes de poda son excesivos. Los sistemas que más éxito han tenido son el T-bar y la pérgola.

La pérgola es más compleja y más cara, pero ofrece una mejor protección de los frutos al viento y tiene una estructura más estable. Es quizás, el sistema que mejor se adapta a pequeñas plantaciones de tipo familiar y con una elevada densidad.

El T-bar, por el contrario, tiene menos estabilidad y es más sensible al efecto del viento, pero es menos exigente en horas de poda. La forma final de la planta en este sistema es una forma que favorece las necesidades fisiológicas, como ya se ha dicho.

Teóricamente, el potencial de producción de los T-bar es equivalente al de las pérgolas, pero a menudo las ramas laterales en el sistema T-bar se hacen demasiado altas y es necesario cortarlas, lo que a veces conlleva una disminución de la producción. Una forma intermedia y bastante interesante es empezar la plantación con un sistema T-bar, más fácil de formar y prever su transformación en pérgola, en función de la rentabilidad del cultivo y del dominio de las técnicas de poda y de cultivo.

Cultivo asociado

Debido a que la actinidia es una planta que no entra en producción hasta el quinto o sexto año, para obtener una rentabilidad más rápida puede realizarse un cultivo asociado durante los dos primeros años. Generalmente, se ha utilizado el maíz, planta de porte alto que puede proporcionar sombra a las plantas jóvenes de actinidia durante los meses más calurosos. De esta forma se ayuda a conservar la humedad del aire en las proximidades del cultivo original, además de obtener beneficios en espera de los de la actinidia.

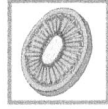

PODA

Una vez se ha adoptado una modalidad de cultivo, hay que hacer la poda adecuada que permita obtener una mayor rentabilidad del cultivo. Se tendrá presente la naturaleza sarmentosa de la actinidia. La falta de poda determina en pocos años una vegetación compleja e intrincada cuyo control resulta imposible y ofrece un empeoramiento de frutos tanto en calidad como en tamaño, lo que ocasiona una menor rentabilidad.

Factores ecológicos y la naturaleza del abonado aportado son condicionantes que inciden en la forma de desarrollar la poda.

Los objetivos que se pretenden obtener son la uniformidad en el desarrollo de las plantas, de manera que permita tener un esqueleto que facilite las operaciones de cultivo y las prácticas agronómicas. La poda se divide en poda de formación, que confiere a la planta la forma deseada, y en poda de fructificación, que se aplica a la planta desde el inicio de la producción, mantiene la forma de cultivo y regula la cantidad y calidad de su fructificación.

Con relación a la época en que deben realizarse los cortes, se distinguen la poda de verano, con la planta en plena vegetación, y la poda invernal, cuando se encuentra en reposo vegetativo, que se efectúa durante los meses de octubre a diciembre.

Poda en verde o de verano

La poda de verano se realiza para mantener el orden, el espaciamiento y la luminosidad de las ramas de frutos. Es necesario realizarla varias veces por semana, sobre todo durante los tres primeros años. Se comienza en abril-mayo a quitar las yemas improductivas que no se dejan para la próxima estación. Los chupones se deben cortar.

Es muy importante escoger el estado óptimo de lignificación que permitiría el entutorado y ligado de las ramas a los alambres. En los primeros estadios los brotes muy tiernos se rompen con mucha facilidad, lo que exige mucha atención al realizar las operaciones.

Los meses de junio y julio son meses críticos para la poda, pues el desarrollo puede ser rápido. Durante este periodo, las ramas de frutos son dejadas para la próxima estación. El crecimiento excesivo de otros laterales puede entramar un acortamiento de la longitud juzgada adecuada. La longitud depende de los brotes vecinos.

Se pinzan las ramas a medida que van creciendo, de forma que no se dejen más de 7 u 8 yemas después del último fruto. La poda de verano es obligatoria y fundamental, pues es preciso conservar las futuras ramas de frutos y abrir el tapiz vegetal para crear buenas condiciones (luminosidad y disminución de los riesgos fitosanitarios) para preparar la cosecha futura.

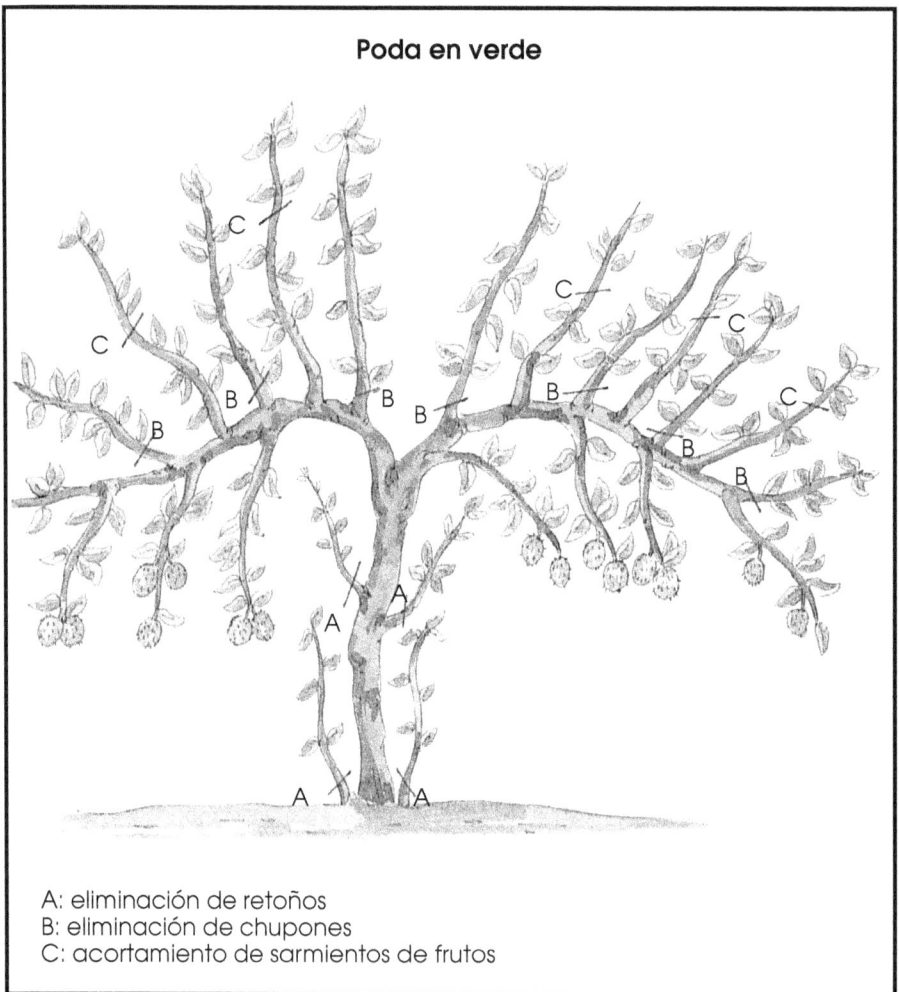

Poda en verde

A: eliminación de retoños
B: eliminación de chupones
C: acortamiento de sarmientos de frutos

Poda de invierno

El objetivo de la poda de invierno es asegurar la cantidad deseada de frutos sobre el árbol y contenerlo en las proporciones que favorecen una regularidad de producción. Es aconsejable dejar un máximo de madera de un año sobre el árbol bien espaciada y bien distribuida.

En función de las diversas maderas de fruto disponibles, la mejor solución consiste en escoger maderas de un año sin enredar, en vista del reemplazamiento anual de semillas, en los espaciamientos de 25 a 40 cm. Con esta poda se rebaja el ramo fructífero a dos yemas después del último fruto; el pedúnculo debe quedar sobre el árbol. Estas dos yemas darán lugar a una o dos ramas fructíferas al año siguiente. Conviene conservar su fruto lo más cerca posible de la línea de gravedad definida por las ramas principales.

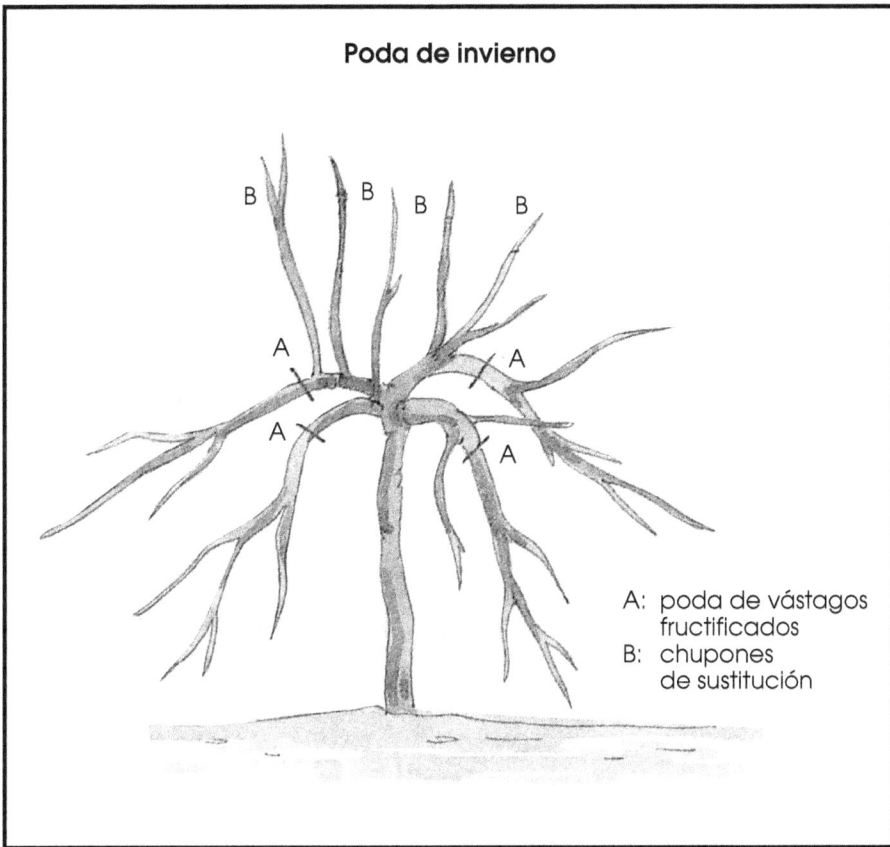

Poda de invierno

A: poda de vástagos fructificados
B: chupones de sustitución

Cada planta debe estar contenida en el espacio que le está reservado, sin entremezclarse con sus propias ramas, con las de otras plantas o de otras líneas. Como regla general, cada vez que la producción sea fuerte y el invierno suave, se hará una poda ligera, dejando una ramilla cada 25 cm. Si la cosecha precedente ha sido pobre y el invierno es frío, será preciso podar y no dejar más de una ramilla cada 30-40 cm.

Poda de formación y fructificación en los distintos cultivos

Su objetivo es obtener un esqueleto estable en la planta, capaz de producir sarmientos productivos bien situados. Esta poda vendrá condicionada según el sistema de cultivo que se pretende en la plantación: espaldera, T-bar, túnel, etc. En general, los pasos más importantes en una poda de formación son los siguientes:

— debe partirse de plantas vigorosas, provistas de un apreciable sistema radical; una vez plantadas, antes de la primera vegetación, se despuntará un ápice. Las yemas que aparecerán tienen que taparse con un aporcado si hay riesgo de heladas en la zona; de las dos o tres yemas, se elegirá la más vigorosa y se anularán las restantes;
— el sarmiento que aparecerá inicialmente se convertirá en el tronco virtual de la planta. Por tanto, los sarmientos débiles que proceden de las yemas despuntadas deben eliminarse antes de o bien durante la segunda intervención de poda verde;
— el tronco inicial se corta por encima del primer alambre dirigiéndolo sobre este. Posteriormente, con los brotes que aparecerán en el tronco componemos el primer piso de la planta; los brotes restantes, débiles o no aprovechables, se despuntan o se eliminan;
— en la poda invernal del segundo año, los brotes débiles despuntados anteriormente se eliminan, y las ramas del primer piso y el tronco se despuntan o recortan eliminando las partes débiles de estas;
— las ramas se renovarán con nuevos sarmientos vigorosos hasta obtener una robustez y longitud óptimas.

Si el sarmiento inicial plantado es débil, seguro que no se podrá formar el tronco principal de la planta el primer año. Hay que provocar que aparezca un nuevo sarmiento, proveniente de un rebrote basal, que tendrá el suficiente vigor para formar sobre él el esqueleto final de la planta. Con el primer sarmiento se podrá cubrir el primer piso. Es necesario ayudar al sarmiento inicial en su crecimiento, colocando un tutor para que el tronco trepe y quede sujeto. Cuando disminuye el desarrollo del tronco, este suele enredarse en espiral al tutor si este es rígido; en estos casos, puede utilizarse un hilo de nailon como guía.

La poda en verde continuada favorece la entrada en producción adelantada, al mismo tiempo que ayuda a formar una planta bien estructurada. El despunte y eli-

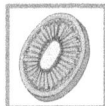

Utilización de las pequeñas ramas laterales

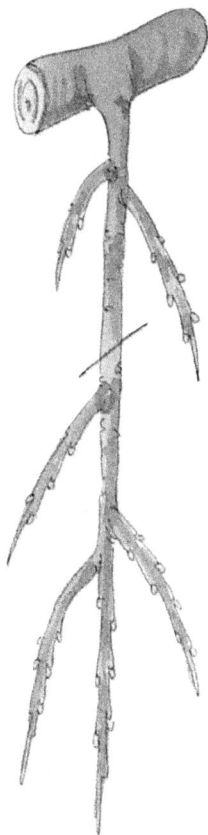

minación de rebrotes, y la elección afortunada de brotes, reduce en gran parte el trabajo de poda en invierno.

Cultivo en espaldera

En el sistema con un solo tronco, durante la estación vegetativa, se intenta hacer crecer el brote más vigoroso de la cepa dirigiéndolo hacia el alambre más alto para formar el tronco principal y, si es lo bastante largo, se dobla horizontalmente hacia un lado sobre el alambre. Los otros posibles brotes se eliminan. Estas operaciones se realizan durante el verano para favorecer un mejor desarrollo del brote principal, mientras, durante el invierno sucesivo se guiará el alargamiento del brote, recortándolo si es débil.

El segundo año se centra la atención sobre el tronco principal. Los nuevos brotes que se han desarrollado a partir del tracto vertical del tronco, si son vigorosos, se extienden sobre la parte todavía libre del alambre superior o sobre los alambres inferiores, y se eliminan los brotes más débiles y los que provienen de la parte basal de la planta.

Los brotes que se hayan formado sobre la parte horizontal, ya doblada el año anterior, se recortan a 7 u 8 yemas. Una o dos de las yemas terminales pueden dar brotes nuevos que en un segundo paso serán recortados a unas pocas (4 o 5). Esta operación se puede repetir en la estación vegetativa si el ambiente es favorable y la planta vigorosa.

Si los brotes son muchos se procede al aclareo dejándolos distanciados unos 20-30 cm entre sí.

El invierno siguiente la poda consistirá en guiar a lo largo de los alambres la prolongación de los cordones, recortándolos si son débiles y se reducirá a dos yemas las ramas llevadas por el cordón y ya recortadas durante la poda verde precedente.

Durante la poda del tercer año y en las sucesivas, se cortan las ramas de fruto a 7-8 yemas por encima del último nudo con frutos. También se procede a la eliminación de los brotes vegetativos que se hayan desarrollado a partir de la base de las ramas fructíferas en la poda invernal. Cuando una rama muestra las primeras señales de agotamiento, hay que sustituirla. Para poder realizarla, es necesario haber criado un brote que esté en una situación tal que pueda ser extendido como rama.

Con la poda invernal siguiente se procede a la sustitución de las pequeñas ramas fructíferas (de 2 o 3 años) con las ramas ya preparadas durante el verano, reduciéndolas a dos borrones o más en caso de peligro de heladas, aclarando los brotes.

De las ramas fructíferas que quedan, se cortan las que tenían frutos el año precedente, dejando un número de brotes de 2 o 3 por encima del último nudo de los que han fructificado. En el sistema con dos troncos, durante la primera estación vegetativa, se trata de guiar los brotes en crecimiento, dirigiéndolos y atándolos a los alambres. El brote más vigoroso, si es bastante largo, se coloca sobre el alambre más alto, y si la espaldera es de varios pisos, los otros se colocan en los inferiores, según su vigor. Los más débiles se eliminan. Durante el invierno se procede a conducir los brotes en crecimiento sobre los alambres, cortándolos si hace falta.

En el segundo año se trata de completar los pisos de brotes, disponiendo los nuevos brotes provenientes del tronco o de la base de la planta, si son suficientemente vigorosos. Los otros brotes más débiles o mal dispuestos se eliminan. A partir de aquí los pasos son los mismos que los indicados para el sistema con un solo tronco.

Cultivo en T-bar

Durante la primera estación vegetativa se intenta guiar el brote más vigoroso de la base de la planta hacia el alambre central del T-bar, doblándolo después, si es suficientemente largo, por un lado sobre el alambre y si hay otro brote desde la base y que también sea vigoroso, se coloca sobre el mismo alambre pero en sentido contrario. Los otros brotes más débiles o mal insertados se eliminan.

En la poda invernal se asegura a los alambres la prolongación de las ramas, recortándolos si es preciso. En el segundo año se completa el piso de ramas si no se ha realizado en el verano precedente. Los brotes originados en las ramas del año anterior se recortan si son lo bastante largos, a unos 80 cm y se atan a los dos alambres laterales paralelos al central.

Los nuevos brotes que se desarrollan a partir de la última o de las dos últimas yemas se recortan a 4-5 yemas en la próxima poda verde. Estos nuevos brotes presentan los nudos muy cercanos y pueden dar lugar a formaciones fructíferas el año siguiente. Si los brotes son muy numerosos, se aclaran, dejándolos a una distancia de 30-40 cm entre sí.

En la poda de invierno, lo que se hace es reducir la masa vegetativa formada en las ramas despuntadas y dobladas durante el verano, atándose las ramas que todavía estén libres.

Durante el tercer año y en los sucesivos, la poda verde consiste en el despunte de los brotes fructíferos de las ramas que forman el cordón, sobre las 7-8 yemas por encima del último nudo de fruto.

Además se procede al despunte de los brotes vegetativos desarrollados a partir de las yemas basales de las ramas o a partir de las estructurales, a una longitud de 80 cm, preparándolos así para que sustituyan a las ramas fructíferas durante la poda invernal.

Con la poda invernal lo que se hará será sustituir las ramas fructíferas con las nuevas ya preparadas en la poda verde anterior.

Cultivo en pérgola

Durante la primera estación vegetativa, se intenta conducir el brote más vigoroso hacia el techo de la pérgola que se encuentra a 1,8-1,9 m del suelo. Para conseguir el crecimiento de la planta hasta esta altura, se ayuda con una caña sobre la que progresará el brote.

Si existe otro brote de suficiente vigor, se intenta hacer llegar este al techo de la pérgola.

En la poda invernal se pueden recortar un poco los tallos para estimular el crecimiento en la próxima estación vegetativa. Si las ramas ya han alcanzado el techo, se dejan intactas y se atan sobre la malla para formar cordones similares a los del T-bar.

En el segundo verano se trata de completar la pareja de ramas laterales si no se ha hecho anteriormente, dirigiendo hacia el techo un brote vigoroso proveniente de la base de la planta. Los otros brotes son eliminados. Los brotes surgidos en las ramas se extienden sobre el techo, distribuidos para ocupar el espacio evitando una concentración de la vegetación. Algunos de estos brotes, distanciados, forman ramas de segundo orden, recortándolos adecuadamente. Sobre el resto de brotes se efectúa un despunte más o menos largo en función del espacio y disposición de las condiciones de cultivo.

El invierno siguiente se procede a una disminución de la masa vegetativa desarrollada sobre las ramas ya recortadas el verano anterior, atando los que aún estén libres.

Durante el tercer año y siguientes, se procede a recortar los brotes fructíferos a 7-8 yemas por encima del último nudo con frutos. Los posibles brotes vegetativos que se hayan desarrollado en la base de las ramas fructíferas se despuntan para prepararlos para sustituir a las ramas fructíferas actuales.

En el invierno siguiente se hace una renovación gradual de las ramas fructíferas con las nuevas ramas ya preparadas en el verano. Sobre las ramas que no se sustituyen se pueden realizar cortes para reducir el número de ramas insertadas en ellas

LA PODA DE LOS PIES MASCULINOS

La producción de polen de calidad depende del tratamiento que se da a los pies masculinos. Por regla general, los pies masculinos son plantas muy vigorosas y muy difíciles de contener en unas proporciones aceptables.

Los objetivos de la poda son obtener en la floración un máximo de flores que emitan un polen viable y abordable por las abejas. Para conseguir este objetivo, es necesario un máximo de madera de un año durante la floración. Por esta razón, no se podan los machos en invierno, o bien sólo un poco, pero sí se cortarán después de la floración cortando las ramas floríferas y dejando los nuevos brotes nacidos cerca de la rama principal. La poda de verano consistirá en contener la planta dentro de la zona reservada al macho. A menudo, es necesario cortar los brotes jóvenes a 50-60 cm en enero y a 75-80 cm en febrero-marzo.

que ya han fructificado el año anterior. Si es necesario se puede proceder a la renovación de las ramas secundarias, utilizando brotes dispuestos en la posición propicia.

Por lo que se refiere a las ramas principales se cree que su duración es más bien elevada. De todas formas es oportuno disponer su eventual sustitución.

Poda de fructificación

La renovación anual más la plurianual sólo son convenientes en variedades que por su elevada fertilidad puedan realizar la inducción floral en la mayoría de los sarmientos durante el año (Bruno y Monty). Para la variedad Hatward, de menor fertilidad, es aconsejable utilizar el método de renovación plurianual. La fructificación tiene lugar en las primeras yemas del brote del año aparecidas en madera del año anterior.

Al tercer año de plantación, cuando las ramas principales están ya sobre el alambre, se eligen ramas a un lado y a otro de estas, separadas de 40 a 50 cm unas de otras y procurando no escoger las que salgan muy verticales; todas las demás se suprimen. Estas ramas se despuntan dejando de 3 a 10 yemas, según el tipo de poda y la forma de conducción. De estas yemas nacerán las ramas del segundo año, fructíferas en sus yemas basales.

El despunte de verano de estas ramas se hace despejando 6 o 10 yemas con lo cual tendrá la longitud de 1 m. En el segundo invierno, se reducen los sarmientos dejando solamente recortados aquellos que estén destinados a la producción del año siguiente.

En la primavera del cuarto año aparecerán los sarmientos fructíferos, que serán controlados o despuntados según su vigor, cortándose a 8 yemas sobre el último fruto.

En invierno los brotes que hayan resultado ser de madera, y que podrán servir de reemplazo, si se desea, se cortarán a 80 cm. En caso de querer efectuar este reemplazo se cortará la rama lateral por la base o por encima del brote que se ha conservado para este fin, si es que nace en esta. A partir del quinto año la poda de verano consistirá en seguir cortando los brotes a 8 yemas sobre el último nudo fructífero, evitando por todos los medios que lleguen a estar a menos de un metro del suelo.

En invierno se podrá elegir entre retroceder la futura producción, que se habrá alejado bastante de la rama principal cortando la rama lateral por la base y confiando en el renuevo que se ha dejado el año anterior cortado a 80 cm o, en caso de no existir este, cortar la rama lateral sobre una o dos ramas fructíferas.

En años sucesivos se seguirá podando con el mismo criterio, aprovechando la poda de verano para eliminar los chupones y recortar las prolongaciones excesivas para que no queden a menos de un metro del suelo, y eliminando los extremos enrollados.

En las variedades Bruno y Monty, de enorme producción, es a veces necesario el aclareo de los frutos, sobre todo si ha sido muy buena; de no hacer el aclareo, los frutos pueden terminar su desarrollo en diámetros poco comerciales, reducidos. En estas variedades interesa la renovación anual de gran parte de los ramos siendo de enorme importancia la eficacia de la poda invernal. Como en nuestro país hay zonas expuestas a heladas, es recomendable cortar los ramos dejando más yemas de lo normal; al ser la brotación de estas de forma escalonada, existen mayores posibilidades de que en caso de helada tardía puedan salvarse más yemas; por tanto más producción.

Una poda abierta favorece las necesidades fisiológicas de la planta y la técnica de cultivo, es decir, permite:

— un acceso fácil de las abejas a la floración;
— una penetración de la luz en el tapete vegetal para minimizar las condiciones favorables para el desarrollo de las enfermedades criptogámicas;
— una luminosidad suficiente para la maduración de los frutos, una buena sazón de la madera y buena inducción floral.

Selección de la madera de frutos

La selección de la madera de frutos es muy importante para una producción óptima. Las ramillas son de entrenudos cortos, de yemas bien desarrolladas, se desarrollan más horizontal que verticalmente y están mejor expuestas al sol.

Los brotes bien formados a fin de temporada son los ideales. Las principales maderas de fruto son:

— yemas de frutos que provienen de madera de un año o de las ramas principales;
— brotes laterales que provienen de una rama de frutos de un año, o de una lateral de un año;
— los dardos, yemas cortas o ramas de flores, nacidos cerca de las ramas principales.

En la práctica, se realiza una combinación de la utilización de yemas, madera de dos o tres años y de dardos.

RENOVACIÓN DE LAS RAMAS LATERALES

Cuando una rama lateral empieza a ser incómoda o no productiva, es necesario suprimirla en una poda de invierno. El rebajamiento a la base provocará la salida en la primavera siguiente de las yemas laterales. Se conserva una yema para formar la nueva lateral. Sin duda, este brote nacido de una vieja madera no portará flores. Se tiene mucho interés en renovar estos laterales poco a poco (1/3 o 1/4 todos los años). Para limitar este inconveniente, es posible conservar cada año los chupones o nuevos brotes nacidos de la rama principal y son la base para una rama lateral. El año siguiente, estos podrán dar ramos fructíferos y reemplazar una rama lateral. La elección de chupones debe ser juiciosa (bien localizados, entrenudos cortos) y su vegetación controlada por pinzamientos. Todos los chupones o brotes no deseables deben ser suprimidos de entre la vegetación, por poda o pinzamiento. Aunque el esquema teórico de formación y poda sea bastante simple, no siempre es fácil de equilibrar el árbol.

CONTROL DE LAS RAMAS LATERALES

Los nuevos brotes destinados a ser los laterales, brotan verticalmente o se entremezclan con las otras ramas. Al principio, es muy difícil darle una posición ideal: lateral, vertical y descendente. En los primeros tiempos, no se plantea ningún problema debido a que el peso de las ramas y de los frutos hacen que las ramas queden horizontales. Pero esto es tan sólo los primeros años; con el tiempo, el elevado peso a soportar por las ramas laterales hace que estas estén dispuestas verticales hacia el suelo. Por esta razón, es mejor el empleo de dos hilos laterales más bajos del hilo que soporta las ramas principales. Este sistema de tres hilos en cruz no cambia el sistema de formación o de poda, permite sujetar las ramas laterales.

LABOREO DEL SUELO

Las labores superficiales que se realizan en una plantación de actinidia son muy similares a las que se efectúan en otros frutales. Se llevan a cabo en primavera y verano.

Su finalidad es destruir las malas hierbas infestantes, mantener la humedad en el terreno mejorando también su estructura superficial e incorporar los abonos orgánicos o minerales.

Estos aspectos favorables tienen también algunas desventajas en contraposición:

— corte repetitivo de las raíces jóvenes de la planta en la zona objeto de laboreo, debido a que la planta de actinidia tiene un sistema radical muy superficial;
— asfixia radical en un cultivo que de por sí ya es muy sensible a esta, que puede darse como consecuencia de repetidas labores superficiales a la misma profundidad, lo que deteriora la estructura y disminuye la capacidad de infiltración de agua;
— las labores culturales favorecen la rápida mineralización de la materia orgánica y aumentan los ataques de los nematodos a las raíces. La actinidia exige suelos con un porcentaje más bien elevado de materia orgánica;
— en terrenos calcáreos, las labores culturales contribuyen a aumentar el pH, siendo los terrenos con un pH bajo los preferidos por este cultivo.

Del balance entre los aspectos positivos y negativos del laboreo superficial se cree más conveniente la realización de otras técnicas culturales como podría ser el mantenimiento de una capa herbácea total o parcial, mientras que sobre la adopción de un sistema de desherbaje todavía existen algunas dudas.

Encespado permanente

El encespado se realiza con la formación de un prado estable, posible sólo con una irrigación adecuada, dadas las necesidades hídricas de la actinidia, en que la hierba se mantiene segada y los restos se abandonan en el mismo sitio. Esta práctica comporta algunos beneficios:

El pH del suelo debe controlarse a menudo

a: agua + tierra
b: agitador
c: papel de tornasol

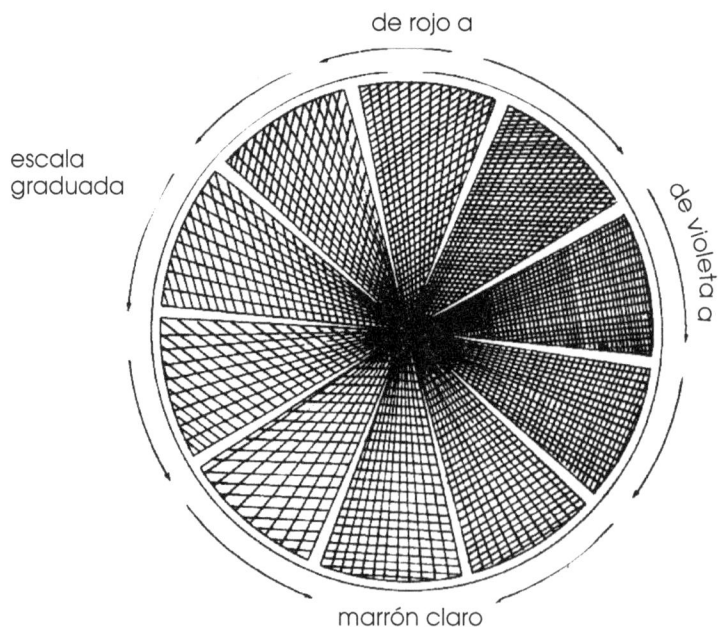

de rojo a

escala
graduada

de violeta a

marrón claro

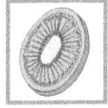

— enriquecimiento en materia orgánica del terreno y mejora de la estructura física;
— mayor difusión de las raíces en superficie donde existen condiciones de habitabilidad;
— mejor uso de los elementos minerales, sobre todo fósforo y potasio, que son trasladados por las plantas herbáceas en forma de compuestos asimilables por las raíces de la actinidia.

Con el mantenimiento de la hierba segada sobre el terreno, conseguimos una serie de ventajas como:

— enriquecimiento del contenido del suelo de humus; se crean condiciones muy parecidas a las naturales de un bosque;
— la capa de residuos de hierba cortada protege el suelo de los rayos directos del sol que calientan el terreno, perjudicando a las raíces de la actinidia;
— los elementos nutritivos del suelo absorbidos por las plantas vuelven otra vez al terreno con la descomposición de la hierba segada.

INCONVENIENTES DEL ENCESPADO

• Competencia entre las plantas herbáceas y arbóreas por lo que se refiere a la utilización del agua y de los elementos nutritivos, sobre todo el nitrógeno.

• Aumento del peligro de heladas.

• Mayor difusión de roedores.

• Competencia en la polinización por parte de las abejas, ya que estas no son tan atraídas por las flores de la actinidia como por las flores de otras especies.

Algunos de estos inconvenientes se pueden solventar aumentando el suministro de agua y los abonos nitrogenados y manteniendo segado el prado durante el periodo de las heladas y de floración. Para la formación del prado es preferible recurrir al trébol blando *(Trifolium repens)* o bien adoptar una mezcla de gramíneas y trébol blanco. El trébol blanco tiene la ventaja de ser más bajo y proporcionar una buena dosis de nitrógeno. En ambos casos, es necesario aumentar las dotaciones hídricas y nutritivas y mantener el prado segado durante la floración. La operación de una siembra de abono verde se considera válida sobre todo a partir del tercer año vegetativo, mientras que, durante los dos primeros años de la plantación parece que va mejor la asociación con el maíz, cultivándolo entre líneas, ya que mantiene durante el periodo más caluroso un microclima más húmedo y sombreado, además de proteger del viento.

A lo largo de las hileras puede ser conveniente aplicar herbicidas de contacto (diquat, paraquat) procurando no mojar las partes verdes de la actinidia y se desaconseja hacerlo durante los dos primeros años de la plantación ya que los tallos de los pies plantados todavía son bastante herbáceos y podrían verse afectados. Por lo que se refiere al abonado, no es un inconveniente hacerlo con el terreno cubierto de hierba. Dada la superficialidad del sistema radical, los abonos, orgánicos o inorgánicos, se pueden aplicar en superficie a finales de invierno y así las lluvias primaverales y los riegos sucesivos facilitarán su penetración.

Un aspecto negativo de todo el proceso es el pisoteo ocasionado por los ásperos, por lo que se recomienda la utilización de máquinas ligeras en las operaciones de siega y recolección. Muchas veces, se hacen plantaciones con distancias excesivas entre líneas para que pueda pasar el tractor entre ellas y sólo compacte el terreno en una zona distanciada de la planta.

Abonado

La actinidia es una planta exigente en elementos nutritivos. Su gran masa vegetativa y las altas producciones de fruto la obligan a extraer del suelo gran cantidad de elementos nutritivos. En suelos muy arenosos y pobres en materia orgánica, las

---

DESHERBAJE TOTAL

Es la solución más cómoda ya que exige poco trabajo. Su ventaja radica en que es la mejor preparación posible contra las heladas de primavera. Un termostato puesto a 1,2 m de altura, indica las variaciones siguientes en función de la preparación del suelo:

— en suelo desnudo, firme y húmedo: la temperatura es más elevada;
— suelo encespado, pero recortado a ras y húmedo: medio grado más baja;
— suelo desnudo pero seco: un grado menos;
— suelo frescamente trabajado: uno o dos grados menos;
— encespado alto, no recortado: 3-4 grados más baja.

El desherbaje total tiene también sus inconvenientes al ser necesario el uso de herbicidas, lo cual puede perjudicar a la planta de actinidia.

aportaciones de abonos deberán ser continuas y fraccionadas para reducir el lavado de los elementos minerales o su retrogradación. El abonado se efectúa en el momento de la plantación (abonado de fondo), para constituir una reserva de fertilidad a disposición de las plantas durante su ciclo de productividad y, de forma anual (abonado de mantenimiento o de producción), anticipa al terreno los elementos que después serán absorbidos por las plantas en función de sus necesidades nutritivas.

Por las características de la actinidia, no todos los abonos en comercio pueden utilizarse, seleccionándose atendiendo a una serie de factores que impone la planta y el tipo de terreno:

— la planta no tolera los cloruros;
— la planta muy joven no tolera la localización de los abonos;
— terrenos de pH elevado se alcalinizan si se realizan aportaciones de sales cálcicas.

Las aportaciones han de ser fraccionadas en los terrenos con riesgo de exceso de concentración de sales. Para suelos bastante alcalinos conviene usar abonos del tipo de sulfato amónico o potásico, y los complejos ternarios y cuaternarios. El fósforo es importante porque favorece la diferenciación floral y está contenido en gran proporción en el fruto. El potasio contribuye a mejorar las propiedades organolépticas de los frutos y su tamaño.

Abonado de fondo

El abonado de fondo se realiza inmediatamente después del subsolado y antes del desfonde del terreno distribuyendo abonos orgánicos (el más apto es el estiércol de vaca fermentado) y abonos minerales (fosfopotásicos). El soterramiento del abono orgánico es aconsejable ya que mejora la estructura del terreno aumentando la actividad de la microflora, lo cual favorece la utilización de los elementos minerales por las plantas y la mineralización de estos, que pasarán a constituir una reserva de elementos nutritivos. El abonado orgánico cumple, además de una labor de esponjado del terreno, otra de preparación para que la asimilación de los abonos inorgánicos sea eficiente. Los abonos inorgánicos incorporados en un terreno pobre en materia orgánica desarrollan un efecto negativo sobre la planta y sobre el suelo, provocando salinidad y toxicidad.

La razón fundamental del entierro en profundidad del fósforo y del potasio puede ser debido al hecho de que estos dos elementos son retenidos por el poder absorbente del terreno, haciendo difícil y lenta su traslocación en profundidad cuando son distribuidos en la superficie y durante los abonados ordinarios anuales.

En el abonado de fondo, no se suministran abonos nitrogenados, pues este elemento tiene una gran movilidad en el terreno y se perdería con el lavado del terreno, y el nitrógeno ya es aportado con el abono orgánico. Las dosis de abono a suministrar en el abonado de fondo están en función de los caracteres fisicoquímicos del suelo. Será necesario realizar un análisis del suelo antes de llevar a cabo el abonado. Las cantidades orientativas por hectárea según algunos autores son:

CANTIDADES MEDIAS DE ABONO POR HECTÁREA	
estiércol	80-100 toneladas
fósforo (como P_2O_5)	350-400 kilogramos
potasio (como K_2SO_4)	300-350 kilogramos

En condiciones particulares, se puede realizar un abonado en el hoyo de plantación justo antes de plantar la planta. Esta práctica sólo se puede justificar si se realiza con mucha moderación, ya que no son infrecuentes los casos en que la planta no se desarrolla debido a daños en las raíces causados por excesivas concentraciones salinas.

Abonado de producción

Las dosis de fertilizante que han de suministrarse anualmente deben responder al tipo de terreno, a la edad de la planta, al sistema de plantación adoptado, al estado vegetativo y productivo de la planta y a los fenómenos de insolubilidad, oxidación y lavado a los que están sujetos los elementos minerales del terreno. En los primeros 2 o 3 años de la plantación, el abonado debe localizarse sobre las hileras teniendo presente que las plantas durante este periodo precisan de elevadas cantidades de nitrógeno para su desarrollo vegetativo, mientras el consumo de potasio y de fósforo es más reducido. El fertilizante se distribuye alrededor de la planta en un radio de unos 50 cm sin enterrarlo. El nitrógeno se aplica siempre en dos turnos; el primero, se realiza en febrero-marzo y el resto se realiza en junio en forma de $(NH_4)_2SO_4$.

Los abonos de fósforo y potasio es preferible suministrarlos en otoño o invierno.

En la elección del tipo de abono a utilizar no debe olvidarse que la actinidia es una planta acidófila que prefiere terrenos con un pH bajo; por lo tanto, será necesario recurrir a preparados que contengan residuos ácidos o neutros (urea, nitrato amónico), evitando los preparados que contengan calcio, ya que su presencia podría llevarnos a la clorosis. En presencia de síntomas de clorosis, se deberán utilizar preparados a base de hierro, por vía foliar o radical. Las dosis en el abonado foliar deben disminuirse a la mitad de las que se aconsejan para otros frutales para evitar fenómenos de fitotoxicidad.

En la actualidad, se prefieren los abonos complejos solubles que, además de suponer un abonado más equilibrado y fácil de realizar, supone una disminución del tiempo necesario; así como un ahorro en minerales, y una mayor asimilación por parte de la planta con la consiguiente mejora de la producción. Debido a que es totalmente soluble, conviene hacer las aportaciones a menudo y en pequeña cantidad. La planta lo aprovecha de forma inmediata. Algunos especialistas han establecido diferentes procesos para el abonado del suelo.

LARVÉ PROPONE	
Primer año	
nitrógeno/plata	60 g en dos aportes
Del segundo al séptimo año	
N	80 g en tres aportes
P_2O_5	30 g/planta
K_2O	50 g/planta
A partir del séptimo año	
N	500 g/planta
P_2O_5	150 g/planta
K_2O	260 g/planta
MgO	75 g/planta

MONET Y BASTARD PROPONEN			
	Nitrógeno U/ha	Fósforo U/h	Potasio U/ha
1.er año	20-25	80	100-120
2.º año	50-60	50	60-80
3.er año	80-100	50	60-80
4.º año	100-120	50-80	80-100
5.º año	120-150	80-100	100-120
6.º año	120-150	80-100	100-120
7.º y siguientes	200	120	150

DOSIS RECOMENDADAS PARA UN ABONO COMPLEJO SOLUBLE 20-8-16-2-0,1*				
edad plantas	kg/ha/año	con dosificador	aplicación manual	aplicación manual
(años)	(500 pl /ha)	kg/ha/semana	(kg/ha/15 días)	(g/planta/15 días)
1	200	10	20	40
2	350	18	35	70
3	600	30	60	120
4	1.000	50	100	200
5	1.200	60	120	240
6	1.500	75	150	300
siguientes	1.300	90	180	360

Datos de Benítez del S.E.A. de Villagarcía de Arosa (Pontevedra).
* 20 % N, 8 % P_2O_5, 16 % K_2O, 2 % Mg y 0,1 % Fe.

Enmiendas del terreno

Como se ha citado repetidamente la actinidia es una planta acidófila que prefiere terrenos con un pH bajo, condición que no se cumple siempre y menos en España donde los suelos son calcáreos. Para disminuir el pH del suelo pueden utilizarse distintas vías correctoras como son el azufre, el sulfato ferroso y la materia orgánica.

El azufre sobre las capas superficiales del terreno tiende a oxidarse desarrollando una acción lenta pero eficaz. Se aplica en el momento de la planta junto con el abonado de fondo, en cantidades entre 1.500-2.500 kg/ha. También puede aplicarse a lo largo de la fase productiva alrededor de las plantas en cantidades entre 200-400 g/planta.

El sulfato ferroso ($FeSO_2$) es de acción más directa ya que reacciona rápidamente con el calcio pero si se aplica como único corrector se necesitan grandes cantidades de producto. Debe aportarse en el momento de la plantación a dosis de 2.000-2.500 kg/ha. La aportación de este producto durante la fase productiva es posible, si se hace en pequeñas cantidades y teniendo el cuidado de no dañar las raíces superficiales.

La materia orgánica es de acción lenta pero eficaz y de larga duración para disminuir el pH. Los productos mejores son la turba ácida, el estiércol bovino, las hojas, la paja y materiales vegetales derivados de la siega del prado permanente. Las turbas de pH subácido entre 5 y 6 son mejores porque las muy ácidas son biológicamente demasiado inertes. La turba puede ser distribuida en toda la superficie como el estiércol, pero, normalmente, es preferible localizarla alrededor de las plantas, de esta manera ejerce un óptimo efecto alimenticio y regula la humedad del terreno.

RIEGO

En su hábitat natural la actinidia recibe una pluviometría y una humedad ambiental muy altas. Esto le permite desarrollar una masa vegetativa considerable y unas hojas muy grandes.

La disponibilidad de agua en cantidad y calidad suficientes a lo largo del periodo vegetativo es uno de los factores primordiales para la buena viabilidad de un futuro cultivo de actinidias.

Si la pluviometría no es suficiente, la instalación de un sistema permanente de riego es absolutamente necesario.

La actinidia no acepta ni grandes aportes de agua, ya que pueden causar un encharcamiento del terreno con la consiguiente asfixia radical, ni periodos de sequía del suelo.

La actinidia es muy sensible a los desequilibrios hídricos aunque sean muy puntuales, ya que pueden provocar la pérdida del turgor de los tejidos foliares y de los otros órganos herbáceos de la planta y, si se prolongase, determinaría la necrosis de los órganos con la caída de las hojas, flores, y a veces los frutos. Los frutos, generalmente, no caen pero sí se para su crecimiento obteniéndose frutos pequeños, insípidos y no comestibles.

El periodo de riego de la actinidia es de unos seis meses (de mayo a septiembre) con un momento crítico en los meses de julio y agosto. Durante estos meses, es necesario, garantizar aportes de unos 7.000-10.000 m^3/ha de agua equivalente a una pluviometría de 700-1.000 mm.

La teoría de riego parece ser la más apropiada en la distribución diaria del agua durante los dos primeros años de la plantación; a días alternos en los años sucesivos, y cada 3 o 4 días en el periodo de plena producción de la plantación, distribuyendo en este caso entre 20-25 mm de agua por turno.

Como consecuencia, es necesario, disponer de instalaciones de riego fijas del tipo aspersión o goteo.

Esta instalación se complementa con una serie de aparatos y sistemas de control de la humedad ambiental y del terreno, tensiómetros para determinar el momento preciso de riego, barreras cortavientos, malla de sombreado, además de un sistema de conducción que reduzca la evaporación.

El agua de riego debe vigilarse que no contenga cloruros y que sea pobre en carbonato cálcico.

Riego por aspersión alta

Se realiza por medio de aspersores elevados por encima de las plantas, distribuidos a distancias regulares sobre toda la superficie de plantación.

Los aspersores provocan una lluvia fina y uniformemente repartida que eleva en parte la humedad del aire y rebaja algo la temperatura. Para ello deben disponerse en el terreno en una estructura que superponga las zonas que cada aspersor riega, sin dejar espacios secos. Parecen muy adecuados los aspersores que tienen una distancia de riego de 18-20 metros. De esta forma se podrían poner a una distancia de 12-16 m uno del otro a tresbolillo.

El riego por aspersión permite una serie de ventajas:

— conseguir una distribución uniforme del agua en toda la superficie;
— utilizarlo como acondicionador del ambiente, ya que de esta manera disminuirá las temperaturas demasiado elevadas y aumentará la humedad relativa de la atmósfera;
— obtener un método antiheladas eficaz.

Riego antiheladas

La protección de las heladas por el riego se basa en el efecto de la liberación de calor en el momento en que el agua pasa del estado líquido a 0 °C al estado sólido

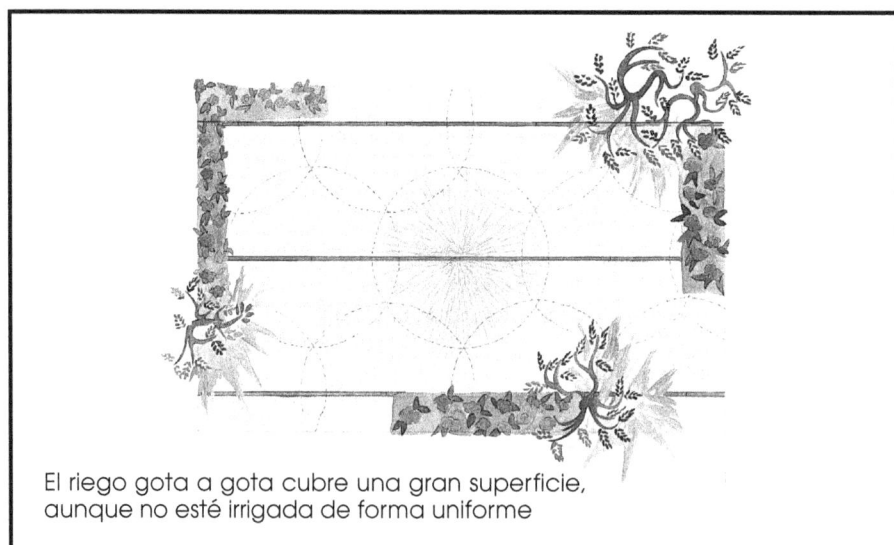

El riego gota a gota cubre una gran superficie, aunque no esté irrigada de forma uniforme

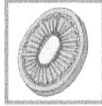

a 0 °C. La cantidad de calor así producida es de 80 cal/g de agua. De esta manera, al mantener sobre las yemas florales una mezcla de agua y hielo, su temperatura se mantendrá alrededor de 0 °C. Esta técnica ha sido utilizada en muchas ocasiones por los viticultores.

Un suelo humedecido absorbe y retiene el calor mucho mejor que un suelo seco.

VARIACIÓN DEL CAUDAL DE RIEGO PARA MANTENER LA TEMPERATURA A 0 °C	
Temperatura ambiental	Intensidad de riego
– 4 °C	2,45 mm/h
– 5 °C	3,35 mm/h
– 6 °C	3,85 mm/h

En consecuencia, un riego anterior a la helada permite obtener una mejor protección, ya que el terreno absorbe agua y calor.

El dato principal que es necesario determinar es la pluviometría que debe aplicarse, la cual depende de los siguientes factores:

— intensidad de la helada: el agua que se haya suministrado será siempre proporcional al descenso de temperatura por debajo del umbral crítico de cada cultivo;
— higrometría del aire: la cantidad de agua a suministrar aumentará cuando sea menor el contenido de agua en el aire;
— tipo de cultivo: la forma, la altura y el volumen del vegetal determinan las cantidades de agua necesarias;
— uniformidad del riego: al disminuir la uniformidad, aumenta la cantidad de agua que debe aportarse con el fin de que todas las plantas reciban el mínimo necesario para combatir la helada.

Riego por aspersión baja

El empleo de aspersores situados a media altura por debajo del follaje es útil para evitar quemaduras en los bordes de las hojas y permite la fertilización y el riego al mismo tiempo.

Este sistema de riego es más sencillo en cuestión de material. Los aspersores se colocan acoplados a tuberías de polietileno, a una altura del suelo que varía entre 50-100 cm. Estos aspersores no necesitan tanta presión como los aspersores de tamaño mayor pero tienen el inconveniente de obturarse con facilidad si no se filtra el agua.

Los miniaspersores alcanzan radios de hasta 1-1,5 m y gracias a la poca presión que necesitan no hay problemas de daños a las hojas o a los frutos. Sin embargo, en zonas donde se requiera un sistema de protección antihelada, los miniaspersores no solucionan el problema y hay que recurrir al riego por aspersión sobre la vegetación.

Riego por goteo

Con el riego gota a gota se riega una parte determinada del área radical de cada planta, utilizando una cantidad de agua que oscila entre 2 y 10 litros por hora y a una presión variable de 1 a 3 atmósferas.

Generalmente, se coloca un goteo por planta durante los dos o tres primeros años, y luego se utilizan 2 o más por planta.

El agua a utilizar debe estar bien filtrada para evitar obturaciones; las aguas duras suelen obturar las salidas de los goteros. El sistema de riego consiste en tuberías de material plástico que van sobre la superficie del terreno o bien están sujetas a un hilo que se instala a una altura de 60-70 cm del suelo; con este sistema los tubos no interfieren en las labores de siega de la hierba. Al ser las superficies de riego muy reducidas y la cantidad de agua incorporada menor, el riego por goteo ha de realizarse de una forma continuada, sin interrupciones demasiado largas.

El control automático de la red de riego, regulado según las condiciones del terreno, facilita con mucho el trabajo y evita errores que en este sistema de riego pueden ser nefastos para la continuidad de la plantación.

ENFERMEDADES Y PARÁSITOS

Durante los primeros años de cultivo de la actinidia se creyó que este cultivo no tenía graves problemas de plagas y enfermedades. Esto permitió utilizar argumentos comerciales como que el kiwi era el fruto de la salud, el fruto «no tratado», etc. En la actualidad, con la experiencia de más de 20 años, se sabe que esto no es así, si bien es una planta que no requiere muchos cuidados.

Enfermedades criptogámicas

Podredumbre del cuello

Esta enfermedad se debe a un hongo que ataca el cuello donde hay un engrosamiento del tejido carnoso y frágil, especialmente en las plantas obtenidas por estaca, generando alteraciones y necrosis que se extienden también a las raíces y a la parte basal del tronco.

Es poco frecuente pero muy grave y determina la muerte casi imprevista de la planta; las hojas se secan y los frutos enganchados en las ramas se marchitan.

El agente del marchitamiento radical puede pertenecer a algunas especies de *Phytophthora (P. cactorum, P. ciannamoni)* y a *Armillaria mellea.* La lucha contra estos agentes patógenos es muy difícil y debe basarse en intervenciones preventivas.

CÓMO PREVENIR LA PODREDUMBRE DEL CUELLO

• Facilitar la circulación del agua con un drenaje eficiente en los terrenos muy húmedos.

• Evitar las heridas y lesiones en el cuello y en las raíces con los instrumentos de trabajo.

• Intentar no enterrar el cuello que debe mantenerse por encima del nivel del terreno en el momento de plantar las plantas.

Con la infección declarada, el único remedio es el de extirpar las plantas daña-das, destruyendo las raíces infectadas y desinfectando el terreno con productos químicos antes de su sustitución.

AGENTES PATÓGENOS DE LAS PRINCIPALES ENFERMEDADES	
Hongos	*Alternaria* *Armillaria mellea* *Botrytis cinerea* *Phytophthora cactorum* *Phytophthora ciannamoni*
Bacterias	*Agrobacterium tumefaciens*
Nematodos de la raíz	*Meloidogyne arenaria* *Meloidogyne hapla* *Meloidogyne javanica*
Insectos	*Ceroplastes rusci* *Empoasca vitis* *Pseudolacapsis pentagona*
Ácaros	
Caracoles	
Conejos	

Moho gris

El hongo causante de esta enfermedad es denominado *Botrytis cinerea.* Este agen-te patógeno pone de manifiesto su virulencia en el periodo de la floración cuando el tiempo es húmedo, atacando a las flores y de ellas pasa a los frutos jóvenes, que pueden caer en cantidades considerables y, una parte de los que quedan en la plan-ta, sufrir daños y deformaciones.

La *botritis* es el único patógeno capaz de producir, durante la conservación del fruto, daños económicamente importantes. La diferente susceptibilidad de los fru-tos está relacionada con situaciones favorables a la epidemia que se dan antes de la recolección. De entre estas situaciones cabe resaltar:

— lluvias persistentes en el periodo cercano a la recolección;
— terrenos pesados y mal drenados;
— sistemas de recogida que favorecen la infección;
— infección de las plantas.

La infección de los frutos en la fase posterior a la recolección está, además, evidentemente relacionada con el nivel de colonización de los frutos por parte de las esporas de *Botrytis cinerea*. En este caso, la infección de la planta es el elemento determinante de la formación de importantes centros de inóculo. Los órganos más colonizados por este hongo son: los sépalos, los pétalos, el ovario, los frutos y los pedúnculos florales. La prevención en el campo consiste en un tratamiento antes de la recolección con Captan, Thiram y otros productos fungicidas. El tratamiento posrecolección se lleva a cabo con fitofármacos con una elevada actividad antibotrítica como Beromil, Iprodiona, Procimidona y Vinclozolina.

Enfermedades bacterianas

La principal enfermedad bacteriana detectada en la actinidia es el tumor bacteriano debido a una infección por *Agrobacterium tumefaciens*. Esta enfermedad es peligrosa por el hecho de que esta especie bacteriana es polífaga y ataca gran cantidad de especies vegetales. Se manifiesta con la formación de tumores en la zona del cuello, en los injertos o en las raíces comprometiendo la vitalidad de las plantas. Esta bacteriosis se da en plantaciones realizadas sobre suelos arcillosos. Los remedios son de tipo preventivo y consisten en desechar a la hora de la plantación el material sospechoso, en no realizar las plantaciones en terrenos húmedos y compactos ni en los que hospeden a este parásito.

Enfermedades producidas por parásitos animales

Nematodos

Las especies más peligrosas que atacan las raíces carnosas de actinidia son *Meloidogyne hapla*, *M. arenaria*, *M. javanica* y algunas otras.

Estos parásitos penetran en las raíces de las plantas a través del terreno donde viven, provocando la formación de numerosas agallas o nódulos de diferentes dimensiones tanto sobre las raíces principales como sobre las secundarias que ven comprometidas sus funciones debido a las malformaciones anatómicas sufridas. La parte aérea de la planta dañada sufre un desarrollo retardado, un amarilleo del follaje y, en los casos más graves, un deterioro general y muerte de la planta. Los daños mayores se dan en las plantas jóvenes, por lo que es necesario por parte de los viveristas prevenir las infecciones por restos fitófagos, desinfectando el terreno del cultivo con productos del tipo Profos y Tionazina.

Por parte de los agricultores es indispensable una exhaustiva selección de las plantas antes de su plantación, desechando las que presenten agallas o tubérculos radicales. Es muy importante analizar el terreno antes de la plantación para asegurarse que no hay nematodos, en cuyo caso se procederá a la desinfección del terreno con nematocidas apropiados.

Insectos

De este grupo los más peligrosos para la actinidia son algunas especies de lepidópteros que atacan las hojas y los frutos. Los daños mayores se dan en los frutos en los cuales las larvas penetran o, más a menudo, realizan erosiones y galerías sobre le epidermis. Los frutos afectados se marchitan y caen precozmente o bien no son valorados comercialmente. Los daños se dan en julio y agosto. Uno de los géneros causantes es *Eulia.*

Cuando se detectan ataques de cierta gravedad sobre el cultivo, es necesario efectuar un tratamiento con insecticidas para limitar los daños. El primer tratamiento hay que realizarlo en la caída de los pétalos y repetirlo cada 20-25 días, dos o tres veces más.

Otro insecto detectado es el *Ceroplastes rusci,* que ataca la parte superior de las hojas. *C. rusci* es una especie polífaga que puede vivir sobre árboles y arbustos y en plantas herbáceas. Las plantas que son huéspedes más comunes y sobre las cuales la cochinilla puede realizar daños pertenecen al género *Ficus*, tanto el ficus común *(F. carica)* como los exóticos ornamentales; también son huéspedes los agrios y la adelfa. Esta especie cumple una o dos generaciones anuales. La fecundidad de esta especie es más bien elevada, pudiendo cada hembra depositar hasta 1.500 huevos. El daño se produce no sólo por la supresión de la linfa por parte del insecto sino también por la abundante producción de maleza sobre la que se desarrollan ascomicetos. La cochinilla blanca del melocotonero, *Pseudolacaspis pentagona* es otra de las especies que atacan a la actinidia. Esta cochinilla es polífaga y cosmopolita. Además de formar costras sobre los troncos más viejos, también afecta a ramas del año, a los peciolos de las hojas y de los frutos. Las plantas vigorosas no sufren mucho la presencia del fitófago y el daño más grave recae en la desfiguración del fruto.

El tratamiento no químico más indicado contra *P. pentagona* es el aceite mineral blanco, a razón de 2,5 kg/hl que no produce quemaduras sobre las hojas ni sobre la rama, y puede utilizarse en invierno con las plantas en reposo. El Methidathion tampoco ha resultado tóxico. En la lucha contra *P. pentagona* es fundamental:

— no intervenir en ataques leves, ya que las plantas toleran bien la presencia de pocos ejemplares; además, la invasión de los frutos se da en caso de fuertes infecciones.
— preferir la lucha invernal. El invierno es la única época en que el tratamiento puede resultar ecológicamente selectivo respecto a *Prospaltella berlesei*, parásito específico de la cochinilla que tiene una actividad eficaz en plantaciones de actinidia infectadas.

Otro patógeno detectado es *Empoasca vitis.* La infección de esta especie provoca un mosaico en las hojas asociado a necrosis del limbo en el margen foliar. *E. vitis* es una especie polífaga y común dañina para la vid. Su acción nociva absorbe la linfa y la capacidad de transmitir virosis de plantas infectadas a plantas sanas.

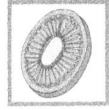

Ácaros

Parece ser que la actinidia es bastante resistente a estos fitófagos. De hecho se han detectado ataques esporádicos de araña roja y araña amarilla sobre plantas obtenidas de semilla, con hojas en estado juvenil. En estos casos se tratará con acaricidas específicos.

Gasterópodos

Las babosas y caracoles de diferentes especies son muy ávidos de los brotes jóvenes de las plantas recién nacidas de semilla y de las yemas cuando están empezando o a punto de abrirse. En algunos casos pueden atacar también a los botones florales, pero no a los frutos ni las hojas adultas. La distribución periódica de cebos envenenados con metaldehído es suficiente para contener a estos animales. En los casos más graves, se puede intervenir sobre la madera a base de productos que contengan dicho producto activo.

Conejos

Los conejos también han sido la causa de daños importantes, llegando a destruir en algunos casos un 20-30 % de la plantación, al roer el cuello y el tronco de las plantas. Los repulsivos a base de Thiram no han contribuido a disminuir los daños. Por otro lado, sería imprudente utilizar repulsivos más eficaces, en general destinados a los córvidos debido a su fitotoxicidad sobre la corteza. Así, el único método eficaz es proteger con una malla metálica a la planta hasta una altura de 50 cm para que los conejos no puedan roerla.

Fisiopatologías ambientales

Actualmente, la planta de actinidia más que por la acción de parásitos, ve afectado su desarrollo por las condiciones ambientales desfavorables que pueden presentarse y causar daños mucho mayores, desde un punto de vista económico.

Desecación y caída de las hojas

Esta desecación no es de naturaleza parasitaria o debida a carencias nutritivas, sino que parece estar relacionada con condiciones ambientales de excesiva ventosidad acompañada de sequía del aire no compensada por una mayor disponibilidad hídrica del terreno. Se manifiesta de improviso con la desecación de las hojas empezando por los bordes y también con manchas necróticas, llegando a caer las hojas en casos graves. Los frutos se quedan pequeños y a veces pueden caer, pero, generalmente se quedan enganchados en las ramas; en algunos casos, como en la variedad Bruno, tienen manchas con necrosis de tejido que se encuentra por debajo de la zona expuesta al sol. El fenómeno se manifiesta en junio y agosto, cuando la temperatura y la humedad del aire disminuye mucho. El daño se acentúa con el viento y con una fuerte luminosidad. Según parece la causa de la fisiopatía es una descompensación hídrica entre el aparato foliar muy extendido y el aparato radical relativamente reducido y superficial. Se ven más afectadas las plantas con hojas cloróticas que las que tienen raíces afectadas por nematodos, que viven en terrenos demasiado calcáreos o que han sido molestadas por trabajos del suelo inoportunos.

Como solución, se aconseja realizar las plantaciones en ambientes aptos, cerca de zonas con agua, boscosas y con temperaturas veraniegas bajas.

Para disminuir la excesiva transpiración, es útil realizar un aporte hídrico por aspersión más que por goteo ya que se aumenta el nivel higrométrico del agua. También puede ser útil el uso de sombreo o la misma malla antigranizo y, como cura preventiva, los cortavientos. También es eficaz una poda más bien enérgica que tienda a reducir la parte aérea de la planta.

Clorosis

Se manifiesta con una decoloración del borde de las hojas y de las zonas interneurales, empezando por las hojas de las puntas de las ramas, sobre todo las más viejas, para proseguir en dirección basípeta y ataca toda la planta. En fases avanzadas las hojas se desecan y en algunos casos puede darse una malformación de las yemas.

La clorosis es el resultado de una compleja interacción de muchos factores lo que hace difícil las condiciones edafológicas bajo las que se manifestará como son: pH, carbonatos, materia orgánica, estructura del terreno. También el clima lluvioso o muy húmedo y los periodos muy secos pueden contribuir a la aparición de estas alteraciones. Los remedios posibles no son de una eficacia segura; se aconseja un abonado foliar con productos que contengan microelementos bajo forma de quelatos o bien quelatos de hierro en el terreno, aplicar materia orgánica o realizar la técnica del acespado permanente.

Insolación o golpe de sol

A pesar de que el sol sea indispensable para la maduración de los frutos, su exceso puede provocar la caída prematura de estos. Esto sucede en las zonas con elevada insolación. Los remedios pueden ser o la elección de una forma de cultivo en que los frutos queden protegidos por las hojas o la utilización de malla con función de sombreado.

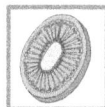

Viento

Los vientos fuertes y dominantes provocan daños fisiológicos y físicos. La violencia del viento causa la pérdida de ramas de fructificación, de brotes jóvenes, de raíces debido al balanceo de la planta, de flores y provoca la rugosidad de los frutos que no serán tan bien acogidos comercialmente. El aire marino, cargado de sal, quema las hojas y los brotes jóvenes. El viento aumenta las pérdidas de agua del suelo y de la planta. La transpiración excesiva de las hojas, no compensada por la absorción de agua en las raíces, puede llevar el marchitamiento a los brotes jóvenes, el desecamiento y la caída de las hojas y como consecuencia limitar la recolección. El viento reduce la actividad de las abejas y seca las secreciones de las flores, lo que limita la polinización. Puede provocar el corrimiento de flores. Las temperaturas ambientales frías disminuyen la concentración en azúcares y retrasan la maduración de los frutos. Además de estos efectos, el viento induce las heladas por advección. Es necesario dominar el viento para corregir todos estos factores que limitan el potencial natural de la planta. La técnica de los cortavientos consiste en prevenir los problemas producidos por el viento mediante el empleo ordenado de setos cortavientos artificiales o naturales. Los cortavientos artificiales están constituidos por postes de una altura de 5 m sobre el nivel del suelo; a estos postes pueden ir colocadas mallas cortavientos que permitan que pase un suave flujo de aire.

Los cortavientos naturales están formados por árboles frondosos. Entre los más utilizados están: los chopos, cipreses, arces, casuarinas, bambúes, sauce-japonés híbrido, etc.; no obstante, se suelen combinar dos especies, una alta y otra más baja que impida que se formen túneles de aire por la zona inferior del cortavientos.

Granizo

El granizo resulta perjudicial, porque puede provocar la destrucción de los frutos, daña las hojas, los brotes y las partes lignificadas de la planta. Las partes afectadas presentan laceraciones más o menos profundas con extirpación de tejido.

Los remedios son los comunes a las otras especies arbóreas. En la actinidia, se ha difundido mucho la malla antigranizo que desenvuelve otras acciones complementarias útiles como son el sombreado y una cierta protección a las heladas tardías y al viento.

Heladas

La gravedad de los daños causados por las heladas está condicionada por:

— duración de la helada;
— intervalo de temperaturas durante y después de la helada;
— humedad relativa de la atmósfera;

— estado fenológico de la planta;
— variedad cultivada y edad de las plantas.

En el cultivo de la actinidia es preciso distinguir tres tipos de heladas: de otoño, de invierno con las plantas en estado de reposo y de primavera.

HELADAS DE OTOÑO

Provocan daños en los frutos. Se recogen en noviembre, por lo que pueden verse afectados por heladas precoces que alcancen temperaturas de –2 °C que los reblandezca, deshaciéndose la pulpa. En el mismo periodo, temperaturas de –6 °C dañan la madera detectándose una necrosis en el cuello de las plantas jóvenes.

Los remedios consisten en la recogida rápida de los frutos cuando se manifiestan condiciones ambientales susceptibles de helada.

HELADAS DE INVIERNO

Pueden afectar las yemas, las ramas, y toda la planta en función de su intensidad y duración. Las manifestaciones no son inmediatas pero se verifican más tarde con el oscurecimiento de las yemas y de trozos de ramas. Los daños en las ramas principales y en la planta entera pueden manifestarse con resquebrajaduras, cuando se haya dado una rápida transición entre frío muy intenso y calor. Las fisuras pueden ser longitudinales y se dará la cicatrización, o bien aparecerá una o más fisuras con un desenganche total de la corteza, y en este caso deberá procederse a la poda de la planta.

Durante el invierno, la actinidia puede soportar sin graves daños temperaturas de –15 °C y, excepcionalmente, –20 °C, si no es por mucho tiempo y la planta se encuentra en pleno periodo de reposo. En estas situaciones la protección de las heladas con riego por aspersión no es efectiva. Sólo un sistema de calefacción puede aportar una cierta protección.

HELADAS DE PRIMAVERA

Pueden afectar a las yemas en vía de desborre y a los brotes jóvenes, de forma más o menos grave en función del mecanismo de formación de la helada.

Si son heladas por irritación, los daños son menos graves, ya que las bajas temperaturas no duran mucho. En estas heladas influye el estado de la atmósfera; las heladas importantes se producen en noches descubiertas, ya que si el cielo está cubierto de nubes estas reflejan parte de la irradiación que se escapa del terreno y, en consecuencia, disminuye la pérdida de calor y la disminución de la temperatura. También puede tener influencia el estado y la compacidad del suelo ya que, a me-

dida que la compacidad crece, aumenta su conductividad y el calor almacenado durante las horas de sol será mayor.

Si son heladas por convección debidas a grandes masas de aire frío, los daños son mayores, ya que suelen durar mucho más. Los sistemas de lucha son los tradicionales adoptados en los fruticultores para este tipo de heladas y se basan en la creación de humos artificiales, el calentamiento del ambiente, la agitación del aire con ventiladores potentes o el riego por aspersión.

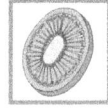

RECOLECCIÓN, CONSERVACIÓN Y MADURACIÓN

Recolección

El kiwi se encuentra en condiciones de ser recolectado durante noviembre, oscilando entre principios y finales del mes, según la variedad de que se trate: la Abbott a finales de octubre, la Monty y la Bruno a primeros de noviembre y la Hayward en la primera quincena de noviembre. La recolección se realiza manualmente, realizando una leve torsión del fruto para provocar su separación del pedúnculo que quedará enganchado a la rama para servir de referencia en la poda de fructificación.

Se han realizado muchos trabajos para determinar en cada zona de producción cuáles son los parámetros indicadores del momento óptimo para la recolección que no coincidirá con la madurez del fruto para el consumo. Los frutos deben recogerse cuando han alcanzado la madurez fisiológica. Por madurez fisiológica se entiende el momento en que se consiguen determinados parámetros de tipo físico y químico, que aseguran una larga posibilidad de conservación y normal desarrollo de los procesos fisiológicos que conducen a la madurez de consumo. Entre los índices químicos los más importantes son el extracto seco refractométrico y la acidez; entre los parámetros físicos el de mayor importancia es la dureza medida con el penetrómetro.

Los procesos fisicoquímicos que intervienen en los fenómenos fisiológicos de la maduración son múltiples y de notable importancia, porque determinan los parámetros que nos pueden llevar a la determinación del momento ideal de la madurez de recolección que no corresponde a la madurez de consumo. Los parámetros más importantes son los siguientes:

— formación de una capa de abscisión que logra disminuir la resistencia al arranque;
— aumento del contenido de pigmentos verdes en el mesocarpio;
— pérdida de consistencia de los pelos de la epidermis y fácil desprendimiento por frotamiento;
— disminución progresiva de la firmeza de la pulpa;
— aumento de contenido de azúcares expresado como extracto seco refractométrico;

— aumento de la relación entre el extracto seco refractométrico y la acidez del fruto;
— aumento del contenido en ácido ascórbico.

Si la recolección se efectúa precozmente, las bayas sufren durante la conservación una disminución del peso, la piel se desprende con dificultad, la pulpa se queda pálida y no adquiere las cualidades organolépticas deseadas. Los frutos, además, se arrugan si durante la conservación la humedad relativa es baja.

En cuanto se recogen los frutos se llevan al almacén donde se les somete a una selección y calibrado y después se almacenan en cámaras frigoríficas. El envasado podrá preceder al almacenamiento en frigorífico si las partidas ofrecen garantías suficientes de conservación.

La recolección para uso doméstico puede retrasarse hasta la total caída de las hojas o más tarde si se quiere conseguir unas características organolépticas mejores.

Es necesario tener en cuenta que posibles heladas precoces pueden perjudicar las cualidades organolépticas de los frutos y su conservación posterior.

Así, con una disminución de la temperatura por debajo de los 0 °C es oportuno proceder a la recolección de los frutos, conservándolos durante un cierto tiempo, en el frigorífico o en el frutero, antes de ser consumidos.

Conservación

Para una buena conservación del kiwi parece ser muy útil su prerrefrigeración, sometiéndolo a temperaturas bajas de conservación lo antes posible después de su recolección. La prerrefrigeración aconsejada se basa en un tratamiento con agua o corrientes de aire frío de los frutos acabados de recoger. La temperatura media en el centro del fruto debe disminuirse a 0 °C en 8-24 horas. Pero como la temperatura de congelación del kiwi oscila entre los –2 y –2,5 °C, una temperatura de refrigeración inferior a –1 °C puede comportar consecuencias graves. La temperatura y el grado de humedad de la atmósfera son dos factores importantes a tener en cuenta para establecer las condiciones de conservación de los frutos recolectados. En el mantenimiento de la humedad relativa, es necesario tener en cuenta que en la conservación durante periodos largos, la transpiración puede inducir al marchitamiento de los frutos y reducir la turgencia celular con repercusiones negativas sobre la firmeza de la pulpa.

La conservación del kiwi recolectado depende de su estado fisiológico en el momento de ser recogido, como ya se ha dicho anteriormente. Se ha observado que el ablandamiento de la pulpa durante la conservación no depende tanto del momento en que sea recolectado el fruto, pero sí se ven afectadas las características organolépticas y nutricionales; en concreto el contenido en vitamina C tiende a disminuir a medida que madura.

Además de la temperatura, la humedad y el estado fisiológico del fruto, un cuarto factor a tener en cuenta en la conservación es el efecto del etileno (C_2H_4). La

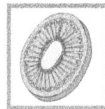

presencia de etileno acelera la maduración de los frutos climatéricos, como el kiwi. El etileno en las cámaras de conservación puede ser de origen endógeno o exógeno. El etileno endógeno es el producido por los frutos, mientras que el exógeno se encuentra en la atmósfera de las cámaras y puede ser de origen biológico, producido por frutos, o abiológico, de origen industrial. El etileno endógeno producido por el kiwi es del orden de 0,1-1,9 ml/kg/hora a 20 °C. Lo interesante es su producción a 0 °C, temperatura de la cámara de conservación, en que la producción es de 0,03-0,05 ml/kg/hora.

Para el consumo doméstico los frutos se conservan bien durante dos meses manteniéndose en ambiente fresco y más aún si se ponen en bolsas de polietileno de donde se eliminará el etileno insertando permanganato potásico absorbido sobre silicatos.

Maduración

Los frutos de la actinidia en el momento de la recolección no son aptos para el consumo; alcanzan la madurez en tiempos variables según la variedad y el método de conservación.

En el proceso de maduración, los frutos sufren profundas modificaciones físicas y químicas que llevan al reblandecimiento de la pulpa y al aumento de azúcares, principalmente monosacáridos. Al término de un periodo bastante largo de conservación en cámara frigorífica, los procesos que llevan a la madurez se suceden de forma rápida.

Cuando un fruto no está todavía maduro, se pela con dificultad y la pulpa aparece compacta y seca, con sabor muy ácido. Una vez el kiwi ha alcanzado su estado de madurez, presenta una ligerísima elasticidad al tacto, la pulpa es deliciescente y tiene un sabor aromático y dulce, con un punto de acidez que lo hace agradable. En un fruto pasado de maduración la piel se separa fácilmente, el aroma y la acidez desaparecen, la pulpa se vuelve de color verde más oscuro y pierde consistencia, el sabor resulta dulzón y, a veces, incluso desagradable.

Una maduración lenta ayuda mucho a las características organolépticas de los frutos, mientras un proceso acelerado les priva, en parte, de su sabor y perfume.

Para el consumo familiar, se aconseja dejar madurar los frutos lenta y espontáneamente, en ambientes frescos, entre 5-12 °C de temperatura, cerrados en bolsas de plástico impermeables.

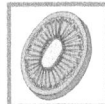

PRODUCCIÓN

Según la publicación *Mercado mundial del kiwi*, en su edición de 1999, «la producción mundial de kiwi fue relativamente estable en 1998, pero con un nivel dos veces más elevado que hace 10 años.

Sin embargo, y excluyendo a China, la producción ha descendido un 10 % respecto al millón de toneladas registradas en 1995-1996 y 1996-1997. En cambio, si se tienen en cuenta los datos referentes al cultivo del kiwi en China, la producción mundial pasó de 0,99 millones de toneladas en 1995-1996 a 1,14 millones en 1996-1997, antes de descender a 1,09 millones en 1997-1998. Las primeras indicaciones hacen pensar que la cosecha de 1998-1999 progresará de nuevo y alcanzará el nivel de 1996-1997».

En cuanto a las plantaciones, «la superficie mundial plantada de kiwi superó las 60.000 hectáreas en 1998 (67.000 ha en 1990), antes de que China apareciera como productor de primer orden». El descenso de los precios, más que notable, provocó que se arrancaran muchas plantas en las regiones productoras como Nueva Zelanda y Chile, pero no impidió que aparecieran nuevos recién llegados como Grecia, Portugal e Irán. A pesar de los drásticos planes de reajuste, la superficie mundial (sin contar China) descendió hasta alcanzar las 58.000 hectáreas en 1998.

Recién llegada al mercado, China desarrolló rápidamente este cultivo. Partiendo de cero, ha logrado en una década una superficie estimada de 52.000 hectáreas en 1997 , lo cual hace que la superficie mundial plantada de kiwi aumente hasta 110.000 hectáreas, casi dos veces más que hace 10 años. En cuanto al rendimiento por hectárea, ha progresado. Las medias calculadas indican un rendimiento multiplicado por tres en una década, pasando de 5,2 toneladas en 1983-1986 a 16,2 toneladas en 1996-1999 (China excluida). La llegada de China debería cambiar estos datos.

Finalmente, siempre según el análisis realizado por la publicación *Mercado mundial del kiwi*, y publicado en su edición de 1999, de 1989 a 1998, la producción mundial de fruta progresó casi un 50 %, tres veces más deprisa que el crecimiento de la población mundial. La producción de kiwi aumentó también más del 50 %, es decir, una progresión muy próxima a la de las principales frutas como la manzana, la naranja y el plátano. La producción de muchos frutos secundarios creció todavía más deprisa.

LOS 10 PRIMEROS PAÍSES PRODUCTORES DE KIWI (EN TONELADAS)					
1990-1992			1996-1998		
1	Italia	303.000	1	Italia	280.000
2	Nueva Zelanda	246.333	2	Nueva Zelanda	244.667
3	Chile	87.500	3	China	170.000
4	Francia	64.262	4	Chile	153.000
5	Japón	55.900	5	Francia	72.942
6	Grecia	38.100	6	Irán	46.667
7	Estados Unidos	29.303	7	Grecia	46.337
8	Portugal	15.867	8	Japón	44.033
9	Australia	5.633	9	Estados Unidos	32.810
10	Corea del Sur	3.716	10	Corea del Sur	13.071
Top 10	Volumen	839.614	Top 10	Volumen	1.103.527
	% del total	99,6 %		% del total	97 %
Fuente: Mercado mundial del kiwi, edición 1999.					

El mercado español

Dos países controlan el mercado global: Italia y Nueva Zelanda. Su producción media en periodos de dos años es del orden de 280.000 y 245.000 toneladas, respectivamente. El primer país productor europeo es Italia, seguido de Francia. Cultivan tanto el kiwi para la producción nacional como para la exportación. El mercado español va en alza en cuanto a producción ya que la demanda se ha incrementado de manera considerable estos últimos años. De las 1.151 toneladas que se cosecharon en 1991 se ha pasado a 8.811. Se cultiva en distintas zonas y, exceptuando alguna provincia de Galicia con condiciones climáticas muy favorables, en el resto del país se realiza en cultivos con regadío.

LAS PRINCIPALES REGIONES ESPAÑOLAS PRODUCTORAS DE KIWI (EN TONELADAS) EN 1996	
Galicia	5.312
País Vasco	784
C. Valenciana	600
Cataluña	476
Cantabria	435
Navarra	342
Datos del Anuario Estadístico MAPA 1999.	

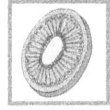

Nuevas estrategias comerciales

Tras la gran fase de desarrollo de 1980, cuando los mercados se desarrollaban más deprisa que la producción, los primeros meses de 1990 quedaron marcados por un desarrollo tal de la producción «que los esfuerzos de comercialización eran aplastados por el volumen de la oferta». Siguió un descenso brusco importante, hoy día estabilizado. La oferta y la demanda están de nuevo equilibradas, lo que permite desarrollar nuevas estrategias comerciales racionales. Así, Nueva Zelanda, pionera en el mercado mundial y la primera que sufrió la experiencia de una brusca caída de sus ingresos, apostó por el desarrollo de su propia denominación, creando el concepto de la marca Zespri[1]. «Muchos miembros de la industria neozelandesa pensaron —explica el MMK[2]— que Nueva Zelanda había soportado los costes de transformación de una grosella china desconocida en un fenómeno comercial, el kiwi, así denominado debido a sus parientes alimenticios neozelandeses. No obstante, sus seguidores supieron explorar ese desarrollo a un menor coste, perjudicando la industria neozelandesa. Se consideró que, si se utilizaba la marca *Zespri*, Nueva Zelanda conseguiría desmarcar sus kiwis de los producidos por sus imitadores, y podría lograr precios superiores para las variedades existentes, proteger su propiedad intelectual y crear una infraestructura a través de la que se comercializarían otras innovaciones. Los objetivos eran claros: alcanzar un precio de un 25 % más alto que el de la fruta de la competencia, aumentar la demanda mundial de kiwis en 25 % y apropiarse del 40 % de la cuota de mercado. Por otra parte, se introdujeron nuevas variedades bajo licencia neozelandesa, entre las que se encuentra la prometedora Zespri Gold, cuyo rápido éxito deja entrever una explosión de ventas».

1. La marca Zespri es una marca comercial.
2. MMK: *Mercado Mundial del Kiwi*, edición 1999.

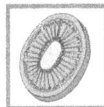

PROPIEDADES FISIOLÓGICAS Y APORTES VITAMÍNICOS

Además del descubrimiento, relativamente reciente, de las propiedades nutritivas del kiwi, parece ser que tiene otras cualidades, aplicadas tradicionalmente en las zonas productoras. Así, las propiedades medicinales del kiwi se emplean todavía en esas regiones. En caso de hemorragia, se dejaban secar las hojas en el horno y luego se molían y se espolvoreaban sobre las heridas. Las hojas frescas podían colocarse en las quemaduras. En caso de fisura o fractura, tras la reducción de esta, se aplicaba un emplaste de fruta o raíz molida mezclada con vino. Pero lo que se descubrió en el kiwi fue su riqueza en nutrientes. Un estudio realizado en 1997 por el doctor Paul La Chance, director del Instituto de Nutrición y profesor de ciencias de la alimentación de la Universidad de Rutgers en New Jersey (Estados Unidos), explica que, de los diferentes 27 frutos analizados, el kiwi demostró ser el más rico en nutrientes. Además cubre los aportes diarios recomendados de nueve nutrientes esenciales.

Aporte vitamínico

El kiwi es una fruta rica en vitamina C y con un notable valor nutritivo. Si se compara con las frutas de invierno con las que compite, es fácil adivinar que el kiwi ocupará la primera posición en cuanto al contenido de vitamina C y sales minerales. Contiene una media de 100 mg por 100 g, un verdadero récord. Las investigaciones en China sobre las mejores cepas permiten alcanzar contenidos que superan los 120 mg por 100 g (las cifras que aparecen en la tabla indican las medias). Así, un solo kiwi (con un peso medio de 75 g), cubre la totalidad del aporte diario recomendado (ADR), que es de 80 mg en el adulto y 60 mg en el niño. En esta fruta también hay vitamina E, vitaminas del grupo B y provitamina A.

Otra característica apreciada en el kiwi: su aporte calórico moderado. Proporciona de media 50 kcal (219 kJ) por 100 g. Esta energía proviene de los glúcidos simples (azúcares). Estos no superan de medio de 9 a 11 g por 100 g, y están constituidos por frutosa y glucosa (representan, respectivamente, cerca del 50 y 40 % del total glucídico). Los ácidos orgánicos naturales están presentes en razón de 1,5 a 2 g por 100 g de kiwi, y contribuyen (aunque modestamente) al total energético.

La vitamina C

En cuanto a las vitaminas, el contenido de vitamina C, y aunque en débil proporción, de vitamina B_2, es sorprendente. La vitamina C es muy importante en algunos procesos vitales: interviene en la síntesis del colágeno, sustancia elástica que retiene las células juntas y mantiene la estructura de los tejidos, en el mecanismo de hidroxilación de la trimetilisina y de la butirobetaína, dos enzimas de la síntesis de la carnitina. La vitamina C interviene también en la síntesis de la adrenalina, en el sistema inmunitario y en la función leucocitaria. Es muy importante también para la salud de los dientes y las encías, aumenta la absorción de hierro y calcio y facilita la utilización de folacina por el organismo. Para los fumadores empedernidos (más de 20 cigarrillos al día), su aporte es esencial, ya que el tabaquismo provoca la disminución de la concentración sanguínea de vitamina C, además de la considerable reducción de su tiempo de actividad en la sangre. Es preciso saber que el índice de vitamina C del kiwi no disminuye con el tiempo, gracias a la abundancia de ácidos orgánicos (que crean un medio ácido favorable para la buena conservación de esta vitamina) y la protección asegurada por la piel (que protege la pulpa del kiwi de los alcances del oxígeno del aire).

La vitamina E

Por último, en principio poco presente en la fruta fresca, la vitamina E es muy abundante (3 mg por 100 g) en el kiwi. Por su acción antioxidante de los lípidos, protege los tejidos y el sistema cardiovascular de un envejecimiento prematuro.

En pocas palabras, la acción antioxidante de las vitaminas y oligoelementos se ve reforzada aquí por la presencia de polifenoles, pigmentos vegetales protectores. Su sinergia permite la neutralización de radicales libres, sustancias que favorecen el envejecimiento de los tejidos y la aparición de patologías cardiovasculares y cánceres.

VALORES NUTRITIVOS POR 100 G DE KIWI	
Energía . . . . 48 kcal	Magnesio . . . . 17 mg
Vitamina E . . . . 3 mg	Proteínas. . . . . 1,1 g
Agua . . . . 83 g	Potasio . . . . 287 mg
Hierro . . . . 0,4 mg	Fibras. . . . . 2,5 g
Glúcidos. . . . . 10 g	Cinc . . . . 0,12 mg
Calcio. . . . . 27 mg	Vitamina C . . . . 80 mg
Lípidos. . . . . 0,6 g	Cobre . . . . 0,14 mg

EL ÁCIDO CÍTRICO

Los ácidos orgánicos de la fruta son muy importantes para el sabor. En el caso del kiwi, son abundantes: de 1,5 g a 2 g por 100 g de media, índice comparable al de los cítricos. El ácido cítrico es abundante: su sabor acidulado es fuerte, pero desaparece con rapidez. Se encuentra también en el kiwi, en cantidad al menos igual de importante, el ácido quínico, un ácido orgánico presente en las bayas (como los arándanos), que tiene un sabor acidulado muy ligero y «agudo». El tercer ácido orgánico es el ácido málico (característico de la manzana), con un sabor acidulado más dulce y prolongado. Finalmente, se pueden identificar en esta fruta débiles cantidades de ácido salicílico (como en las fresas o las grosellas), de ácido succínico, de ácido fumárico y ácido oxálico.

Aporte mineral

El kiwi también participa en la recarga mineral del organismo: sus minerales están diversificados y son más bien abundantes: 300 mg por 100 g de potasio, 40 mg de calcio, 25 mg de magnesio (índices elevados en una fruta).

COMPOSICIÓN QUÍMICA DE LOS FRUTOS DE ACTINIDIA SEGÚN LAS VARIEDADES				
	Abbot	Bruno	Mayneard	Monty
Ácido ascórbico (mg/100 g pulpa)	170	212	126	238
Azúcares (%)	6,9	8,7	7,4	6,9
Proteínas (%)	0,9	0,9	0,8	1,0
Acidez total (%)*	1,4	1,6	1,4	1,2
Calcio (mg/100 g pulpa)	24,8	30,2	30,0	38,2
Fósforo (mg/100 g pulpa)	28,0	30,2	25,4	33,8
Magnesio (mg/100 g pulpa)	15,1	18,6	13,4	15,6
Potasio (mg/100 g pulpa)	273,0	315,6	234,2	353,1
*Expresado en ácido málico.		Fuente: Youssef J., Berdamini A., 1981.		

Debe subrayarse que el índice de magnesio por 100 kcal es más del doble del chocolate o la fruta seca, verdaderas referencias de este campo. El kiwi contiene también una pequeña cantidad de fibras (1 %). En general se toleran bien, pero para los niños o las personas con un aparato digestivo muy sensible, puede ser preferible apartar las «semillas» presentes en la pulpa.

CONSTITUYENTES ORGÁNICOS DE LA ACTINIDIA Y DE OTRAS ESPECIES					
Fruto	Proteínas	Glúcidos	Fibra	Sales minerales	Calorías
Actinidia	0,4	11,2	0,7	0,48	48
Albaricoque	0,9	12,3	0,6	0,78	51
Cerezas	1,1	14,1	0,5	0,52	60
Ciruela	0,7	12,4	0,5	0,59	50
Fresa	0,8	6,9	1,2	1,39	37
Limón	0,9	7,8	0,9	0,52	32
Manzana	0,3	14,1	0,9	0,63	58
Melocotón	0,8	11,2	0,6	0,58	47
Naranja	0,9	10,5	0,8	0,45	45
Pera	0,5	14,0	1,5	0,12	61
Piña	0,4	11,7	0,5	0,55	47
Plátano	1,3	23,5	0,5	0,97	94
Pomelo	0,6	9,3	0,5	0,51	39
Uva	0,8	12,4	4,3	0,34	68
Valores expresados en g por 100 g de pulpa.					

CONTENIDO EN VITAMINAS DE LA ACTINIDIA Y DE OTRAS ESPECIES				
Fruto	vit. B_1	vit. B_2	ácido nicotínico	vit. C
Actinidia	0,04	0,07	0,27	83
Albaricoque	0,03	0,04	0,70	08,0
Cereza	0,05	0,06	0,14	8,0
Ciruela	0,15	0,03	0,60	5,0
Fresa	0,03	0,07	0,30	60,0
Limón	0,40	Trazas	0,10	45,0
Manzana	0,04	0,02	0,20	3,3
Melocotón	0,02	0,05	0,90	8,7
Naranja	0,08	0,03	0,20	49,0
Pera	0,02	0,04	0,10	4,0
Plátano	0,09	0,06	0,60	10,0
Piña	0,08	0,02	0,20	24,0
Pomelo	0,04	0,02	0,20	40,0
Uva	0,05	0,03	0,40	4,0
Valores expresados en g por 100 g de pulpa.				

Las fibras

El contenido de fibras del kiwi es también bastante importante, pero más débil que el de la fresa, el limón, la manzana y la uva. En términos nutricionales, las fibras derivan de las paredes celulares de la planta y se dividen en celulosa, hemicelulosa, pectina y lignina.

Las propiedades fisiológicas de las fibras son diferentes según si se consume la fruta entera o su zumo. El kiwi, con un aporte de 100 mg por 100 g de fruta, puede considerarse una buena fuente de fibras, y cabe recordar que la ingestión de 2 a 3 g de fibras al día se considera como fisiológicamente necesario para proteger el organismo de las manifestaciones perjudiciales, aunque comunes, relacionadas con el consumo de alimentos demasiado refinados.

En el estudio del doctor La Chance citado con anterioridad, y publicado en el *MMK*, se afirma: «la investigación médica empieza a atribuir al kiwi propiedades anticancerígenas. Se han demostrado sus propiedades antioxidantes para prevenir la mutación de los genes y bloquear el desarrollo de los cánceres de la piel. Contiene luteína con propiedades preventivas del cáncer de próstata y pulmones; fibras que protegen del cáncer de colon; y clorofila, que bloquea el cáncer de hígado».

Además, según el mismo estudio: «los antioxidantes del kiwi, la vitamina E, el magnesio y la pectina favorecen el descenso del índice de colesterol y la prevención de enfermedades cardiacas. Su relación sodio/potasio permite proteger el corazón y luchar contra la hipertensión. Su fuerte contenido de vitamina C estimula el sistema inmunitario. El inositol que se encuentra en el kiwi previene los problemas pulmonares en el niño, y las depresiones y la diabetes en el adulto».

LA UTILIZACIÓN MEDICINAL DEL KIWI EN CHINA

El especialista neozelandés A. R. Ferguson, en un estudio sobre la acitnidia en China, relata los siguientes hechos: «Desde la dinastía Tang, la antigua farmacopea china indica toda una variedad de usos medicinales de la fruta de *míhoutao*: ayuda a la digestión, reducción de la irritabilidad, alivio del reumatismo, prevención de los cálculos renales y de las vías urinarias, cura de los hemorroides, de la dispepsia y los vómitos y prevención del encanecimiento prematuro del cabello. Se consideraba que era una fruta muy valiosa para apagar la sed y para los enfermos, aunque se ha demostrado en *Bencao shiyi* (dinastía Tang) que un consumo excesivo de kiwi puede provocar problemas de estómago y diarrea. En China siguen interesándose por las propiedades médicas del fruto y los extractos de la planta; recientes estudios indican que puede ayudar al tratamiento de la lepra».

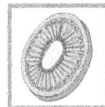

RECETAS CULINARIAS CON KIWI

El kiwi se utiliza, principalmente, para su consumo en fresco; pero puede transformarse industrialmente en jugos, mermeladas, helados, congelados y desecados. También se ha proyectado la posibilidad de preparaciones alcohólicas, producto ya comercializado en España, o de destilación.

EN EL MERCADO...

Otoño e invierno son periodos de fuerte consumo de kiwi. Cuando los compre, debe escoger los kiwis con la piel bien firme y sin machacaduras. Los blandos son excesivamente maduros. Es preferible comprar los más firmes. No están maduros, pero lo harán a temperatura ambiente. El kiwi combina en la cocina diaria, aportando un toque de fantasía a un plato, decorando otro u otorgando una nota de frescor a platos de invierno. En los años sesenta y setenta, la *nouvelle cuisine* se entusiasmó con el kiwi. Gracias a ciertos cocineros, esta pequeña fruta verde hizo su aparición en las ensaladas, se acomodó también con el *foie gras* (en la «ensalada loca») o con crustáceos (langostinos y bogavantes sobre todo). Aunque el entusiasmo decayó entre los buenos cocineros, contribuyeron a que se conociera mejor esta fruta y sus cualidades gustativas y decorativas. Algunas personas lo utilizan regularmente en sus recetas: se aprecia su frescor en la boca, acidulado y especiado, y también el sabor a pimienta de sus semillas. El kiwi consigue ser a la vez crujiente y jugoso. Por ello se adapta muy bien a los preparados calientes. Es una buena fruta para postres tanto refrescantes como vitaminados. Otros cocineros prefieren reservar el kiwi para los postres, ya que es una fruta de sabor delicado que puede combinarse con otras, como la fresa o la frambuesa, para realzarlo. En el plato queda bien por su buen color. Pero en los postres debe dominar el kiwi. Se puede preparar, por ejemplo, un gratinado de kiwi con crema de almendras, dorado al horno y acompañado con un sorbete de kiwi. Combina también con el caramelo: existe una receta clásica para un mil hojas caramelizado con kiwi, con crema catalana mezclada con nata.

Para los niños

• **Al natural.** Es una fruta muy fácil de comer. El truco consiste en no pelar el kiwi, sino cortarlo transversalmente y comerlo con cucharilla, como si se tratara de un huevo.

• **En el desayuno.** Para el aporte vitamínico necesario, se toman algunas rodajas de kiwi con un queso blanco o un yogur.

• **El ratón verde.** Se pela el kiwi y se corta en dos en sentido vertical. Para la transformación, se coloca un trocito de regaliz para formar la cola, dos pedazos de chocolate en las orejas, dos bolas de regaliz en los ojos y algunas láminas de angélica para configurar el bigote. Se puede servir acompañado de helado de pistacho.

• **Polos helados de kiwi.** Para realizar esta receta, son necesarios 4 kiwis, una lata de 200 ml de gaseosa concentrada descongelada, 500 ml de agua. Primero pele los kiwis y redúzcalos a puré (sin las semillas) con la batidora o el robot de cocina. Añada, agitando, la gaseosa concentrada y el agua. Se vierte la mezcla en los moldes de helados o en vasos de papel y se disponen en el congelador hasta que la mezcla haya cuajado parcialmente. Se trata entonces de insertar un palo en el centro de los moldes o vasos, y luego volver a ponerlos en el congelador hasta que los polos estén bien helados.

• **Cóctel de frutas.** Para 4 personas, son necesarios 50 cl de zumo de piña, 50 cl de agua, 1 kiwi. Se reservan 4 rodajas de kiwi y se pasa el resto por la batidora con 25 cl de agua. El preparado se vierte en vasos helados, se añade el resto de agua y el zumo de piña. Se sirve muy fresco, decorando el borde de los vasos con una rodaja de kiwi.

• **Macedonia.** Son necesarios un kiwi, un melocotón, una manzana, fresas, zumo de naranja. Se corta el kiwi, el melocotón, la manzana y las fresas a trocitos. Luego se colocan en un cuenco. Se mezclan las frutas y se añade el zumo de naranja.

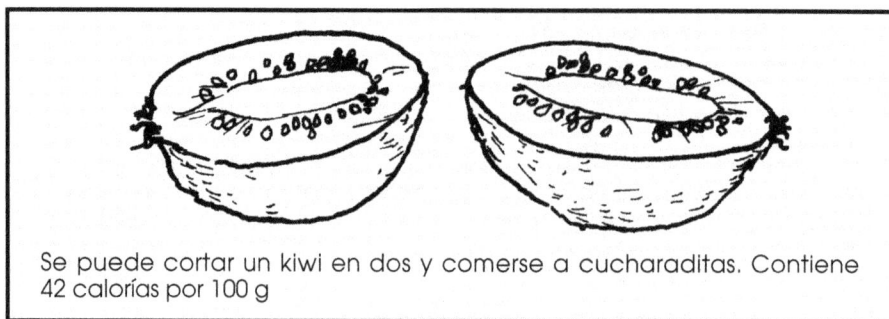

Se puede cortar un kiwi en dos y comerse a cucharaditas. Contiene 42 calorías por 100 g

Algunos trucos

Entrantes

Para explorar a fondo las cualidades decorativas del kiwi: utilícelo como base de canapé, en lugar del pan de molde. Coloque sobre cada rodaja una gamba y un poco de mayonesa, o un trozo de queso de cabra y un poco de cebolleta, o huevas de pescado rojas o negras y una rodaja de pulpa de limón, o una cucharada de café de huevos revueltos con azafrán, etc.

Ensaladas

• Formando un apetitoso juego de distintos verdes, lechugas, láminas de aguacate, rodajas de kiwi, algunos dados de rama de apio finamente picados, trocitos de lima, y para acompañar esta ensalada crujiente y tierna, una salsa de yogur, con zumo de lima y una picada de hierbas frescas.

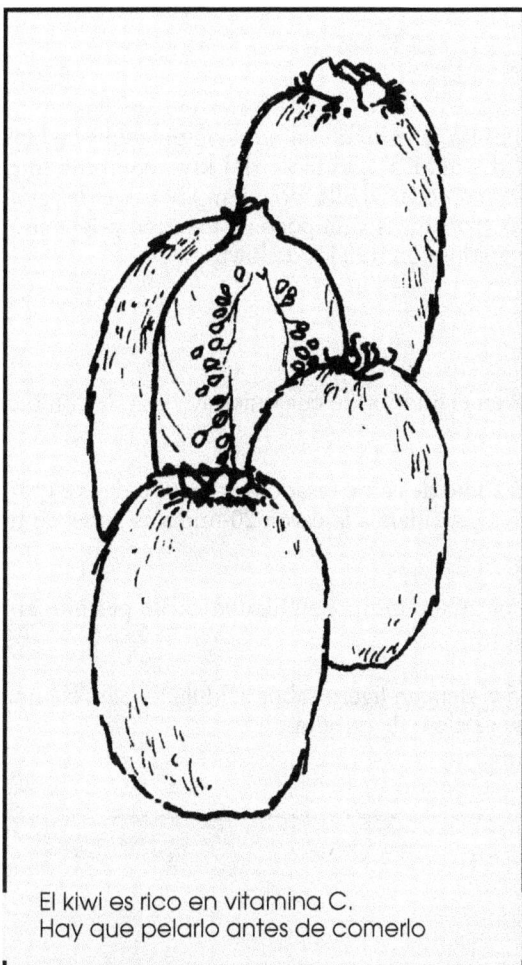

El kiwi es rico en vitamina C.
Hay que pelarlo antes de comerlo

• El kiwi puede acompañar una ensalada de endibias, manzanas y cantal o a dados con un queso blanco a las finas hierbas.

• Ensalada mixta de lechuga, dados de salmón ahumado y kiwi, con zumo de limón y aceite de oliva. La vitamina C del kiwi aumenta la asimilación y hierro no hemínico del pescado, modificando su forma química.

• Algunas rodajas de kiwi pueden acompañar una ensalada de pasta fresca con salmón o un cóctel de gambas; aportarán una nota de color muy bien venida.

Platos

PESCADOS

Sinfonía de naranja y verde, un mil hojas caliente de salmón con un coulis de kiwi y una pizca de jengibre en polvo. La acidez agradable del kiwi combina muy bien con los pescados un poco grasos como la caballa, por ejemplo. Cocer la caballa al horno con vino blanco, hierbas aromáticas y un poco de mostaza y, 10 minutos antes del final de la cocción, rodearlos con rodajas de kiwi.

CARNES Y AVES

• Ponga dos kiwis enteros pelados en el interior de cualquier ave grande como el pavo; su carne será más tierna.

• Para dar un sabor acidulado a un zumo de carne (asado de cerdo) o de ave (pintada asada), bata la pulpa de un kiwi y añádala a la carne 20 minutos antes de finalizar la cocción.

• Añadir trocitos de kiwi tibios con mantequilla con alguna carne permite aumentar el aporte de vitamina C y fibras.

• Batido con zumo de cítrico, el kiwi deja un ligero sabor acidulado y aporta una nota afrutada a la salsa del asado de cerdo o de ternera.

COMO GUARNICIÓN

El kiwi no soporta largas cocciones.

A la parrilla
Un gratinado de kiwis al minuto: se cortan los kiwis a rodajas y luego se recubren con una crema catalana espesa que se carameliza unos minutos antes en la parrilla.

Al horno
En una cocción en *papillote*: kiwis a trocitos se mezclan con otras frutas exóticas, con un poco de ron y espolvoreados con azúcar terciado.

Fritos
Como guarnición acompañando escalopes de ave: las rodajas de kiwi salpimentadas se saltean rápidamente con mantequilla para que se doren sin cocerlas del todo.

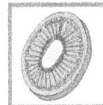

Postres

• Pelar el kiwi, cortar transversalmente como si fueran rodajas, pero sin llegar hasta el final; intercalar en las hendiduras una loncha fina de piña o de manzana.

• Postre helado o crujiente y caliente, sorbete o buñuelos. No olvide combinar el kiwi con helado (avellana, caramelo, vainilla, canela, etc.) en una macedonia de frutas, una crema catalana, una bavaresa…

• Como tártaro exprés: genovesa, con una capa de queso blanco y rodajas de kiwi para un postre vitaminado.

• Coulis hecho en casa con o sin azúcar, en una macedonia de fruta fresca, para darle un toque acidulado y mejorar el aporte vitamínico.

• Original: desmolde un litro de helado de vainilla y recúbralo con trozos de kiwi. Espolvoree con almendras cortadas tostadas.

• Como ensalada de naranjas y kiwis aromatizada con canela y endulzada con miel de acacia.

ZUMO DE FRUTAS Y CÓCTELES

Batido con un zumo de limón, el kiwi constituye una buena base para cócteles (a base de ron blanco, de tequila o de vodka), pero también para cócteles sin alcohol, añadiendo un zumo de cítrico (naranja, pomelo) o un zumo de verduras (zanahoria, apio). Finalmente, para una merienda tónica, se preparará un *milk-shake* con kiwi que puede espesarse con una bola de helado de almendras.

BUENAS COMBINACIONES

Crudités y ensaladas
Endibias, escarola, canónigo, zanahoria, apio, remolacha, aguacate

Marisco
Vieiras, cangrejo, gambas, langostinos, bogavante

Pescados grasos, ahumados o no
Salmón, caballa, arenque

Aves
Pollo, pavo, pintada

Frutas de temporada
Manzanas, peras, ciruelas, cítricos

Frutas exóticas
Piña, mango, lichi, guayaba

Frutos secos oleaginosos
Almendras, avellanas, nueces

RECETAS

Todas las recetas son para cuatro personas

KIWIS CON CANGREJO

Preparación: 10 min

4 kiwis
1 petit-suisse
1 lata de cangrejo en migas o gambas rosas
Zumo de limón, perifollo, sal, pimienta

- Desmoche los kiwis como huevos.
- Vacíe el interior para retirar la pulpa dejando 1/2 cm de cada lado.
- Bata la pulpa con una cucharada de zumo de limón, el petit-suisse, sal, pimienta y cangrejo en migas o las gambas rosas cortadas a trocitos.
- Rellene los kiwis con esta mezcla.
- Decore con hojas de perifollo y sirva en cuencos coloreados.

KIWIS CON SALMONETES
(CREACIÓN: ARIELLE ROSIN)

Cocción: 20 min

8 kiwis
4 salmonetes de 150 g
2 cucharadas soperas de aceite de oliva
1 limón
2 cucharadas soperas de miel líquida, sal, pimienta

- Precaliente el horno a 210 °C.
- Coloque cada salmonete vaciado y limpio en una hoja de aluminio.
- Riegue con el aceite de oliva, decore con trocitos de limón.
- Salpimiente, pliegue en papillote y deje cocer 20 minutos en el horno.
- Pele y corte los kiwis en rodajas.
- Dispóngalas en cada plato, cubra con miel y espolvoree con pimienta.
- Deje 3 minutos en la parrilla del horno. Sirva caliente con las papillotes.

CARPACCIO DE PESCADO

Preparación: 20 minutos
Sin cocción. Marinada: 3 horas

4 kiwis
400 g de filetes de caballa o pescadilla
1 limón
2 limas
1 pizca de pimienta de Cayena
1 cebolla picada
Algunas hojas de lechuga
Cebolleta, sal, pimienta

• Reduzca la pulpa de kiwi a puré, cuélela para recuperar el zumo.
• Reserve medio limón y exprima el resto de limones.
• Escoja filetes de pescado bastante gruesos.
• Colóquelos en un plato, riegue con el zumo de limón y lima y el kiwi.
• Deje marinar 2 horas.
• Añada la cebolla picada, la cayena, la sal y la pimienta.
• Mezcle con cuidado y deje marinar 1 hora.
• Pele los tres kiwis restantes y córtelos en rodajas.
• Pique el medio limón en lonchas muy finas.
• Cubra cuatro platos hondos con hojas de lechuga. Añada el pescado y riéguelo con una cucharada de marinada.
• Disponga las rodajas de kiwi en el contorno del plato intercalando de vez en cuando una trocito de limón.
• Espolvoree el pescado con trocitos de cebolleta. Sirva muy frío.

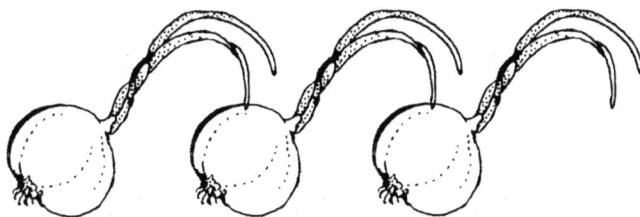

ENSALADA DE INVIERNO CON KIWI

Preparación: 15 min

5 kiwis
4 endibias
4 ramas de apio
1 zanahoria
1 corazón de lechuga
12 lonchas de costillar ahumado muy finas
6 cucharadas soperas de aceite de oliva
2 cucharadas soperas de vinagre de frambuesa
Sal, pimienta

- Pele los kiwis y la zanahoria.
- Lave las endibias, las ramas de apio y el corazón de lechuga.
- Corte los kiwis en rodajas en sentido vertical.
- Corte las endibias en rodajas, el apio a trocitos a lo largo, la zanahoria en juliana y la lechuga a trocitos.
- Coloque todos los ingredientes en la ensaladera.
- Prepare la vinagreta mezclando el aceite, el vinagre, la sal y la pimienta recién molida.
- Vierta en la ensalada y mezcle con cuidado.
- En una sartén antiadherente, deje cocer a fuego vivo las lonchas de costillar ahumado. Cuando empiecen a estar crujientes, séquelas con papel absorbente y luego póngalas en la ensalada.
- Sirva de inmediato, para que el costillar ahumado esté caliente.

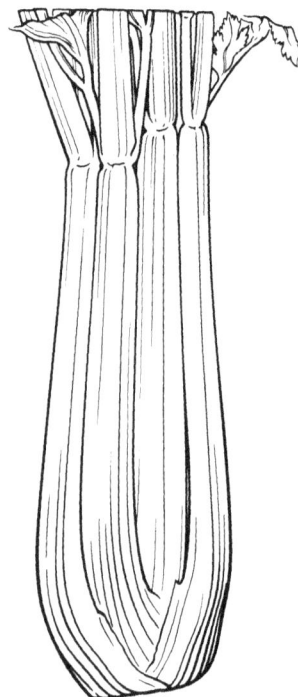

TARTA DE KIWIS

Preparación: 10 min
Cocción: 30 min

7 kiwis
50 cl de crema de leche
2 huevos
120 g de almendras molidas
80 g de azúcar sémola
3 cucharadas soperas de azúcar moreno
Pasta ya extendida

- En una ensaladera, bata los huevos, la crema de leche, el azúcar en polvo y las almendras molidas.
- Pele 6 kiwis, y luego córtelos a trozos.
- Bata el kiwi restante con la batidora y añada la crema de leche. Mezcle.
- En un molde de tarta untado con mantequilla, extienda la pasta y luego vierta por encima el contenido de la ensaladera.
- Deje cocer la tarta en un horno precalentado a 210° durante 20 min.
- Retire la tarta del horno y coloque cuidadosamente las rodajas de kiwi.
- Espolvoree con azúcar moreno y ponga de nuevo la tarta en el horno 10 minutos a 240°.
- Sirva la tarta templada o fría.

CREMA DE KIWIS Y PLÁTANOS

Preparación: 15 minutos
Cocción: 20 a 30 minutos

6 kiwis
3 plátanos
20 cl de leche
2 huevos
100 g de azúcar
1/2 cucharada de café de canela
3 cucharadas soperas de caramelo líquido

• Lleve la leche a ebullición y deje enfriar.
• En una ensaladera, bata los huevos, el azúcar y la canela.
• Pele y bata con la batidora los kiwis, así como los plátanos y luego viértalos en la ensaladera. Sin dejar de remover, añada la leche templada.
• Cubra las paredes de un molde con el caramelo líquido y luego añada el preparado de kiwis y plátanos.
• Deje cocer al baño María, en el horno precalentado a 180° durante 20 o 30 minutos.
• La crema está cocida cuando se introduce un cuchillo en el centro y no se ensucia.
• Deje enfriar y sirva bien frío, decorado con kiwis y plátanos.

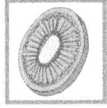

MACEDONIA DE FRUTAS DE PRIMAVERA

Preparación: 10 minutos
Cocción: 3 a 5 minutos
Refrigeración: 1 hora

3 kiwis
250 g de fresas
100 g de frambuesas
2 melocotones pequeños
6 briznas de menta
50 g de azúcar
1 cucharada de café de canela
5 cucharadas soperas de néctar de albaricoque

- Pele los kiwis y córtelos a palitos.
- Corte las fresas en dos y los melocotones en finas láminas con la piel.
- Coloque todas estas frutas y las frambuesas en cuatro cuencos de servicio.
- En una cazuela, caliente suavemente el zumo de albaricoque, el azúcar, la canela y dos briznas de menta.
- Lleve a ebullición, retire del fuego y haga una infusión durante 5 minutos.
- Retire las briznas de menta.
- Vierta el preparado en los cuencos y deje enfriar 1 hora en el frigorífico.
- Sirva decorado con las briznas de menta restantes.

MACEDONIA DE FRUTAS DE INVIERNO

Preparación: 15 minutos
Cocción: 3 a 5 minutos

3 kiwis
1 manzana verde
1 manzana roja
1 naranja
1 pomelo rosa
1 lima y media
100 g de azúcar moreno
1 clavo
2 cucharadas soperas de ron

- Pele los kiwis y luego córtelos a rodajas.
- Lave las manzanas y córtelas a finas láminas.
- Retire alguno trozos de cáscara de naranja y lima enteros.
- Pele la naranja y el pomelo y córtelo a cuartos.
- Corte media lima con la piel a rodajas, y luego en 4 trozos.
- Coloque todas las frutas en una ensaladera y déjela en el frigorífico.
- Exprima el zumo de lima. Caliente con el azúcar moreno, el ron y el clavo hasta la ebullición y haga una infusión durante 5 minutos.
- Vierta este preparado sobre las frutas y sirva enseguida.

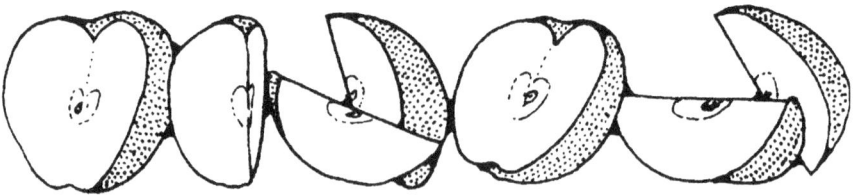

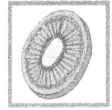

LAS OTRAS UTILIZACIONES DEL KIWI

Además de su consumo crudo o cocido, el kiwi tiene otras utilizaciones en la industria agroalimentaria o incluso en la cosmética. De momento, los ejemplos que citamos siguen siendo modestos o experimentales. No disponemos de datos fiables que permitan afirmar que existe un mercado económico importante, exceptuando el de la fruta fresca.

El aceite de pepitas de kiwi

El kiwi se utiliza en la industria cosmética en una escala aún modesta. Los laboratorios Alban Muller International en Vincennes utilizan el aceite de pepitas de kiwi, que entra en la composición de su fase grasa. Permite mantener la elasticidad de la piel y favorece el crecimiento celular. También tiene propiedades hidratantes y reestructurantes, gracias a su fuerte proporción de ácidos grasos esenciales.
   Se recomienda su utilización en:

— productos capilares para cabellos finos, estropeados o frágiles, débiles y sin volumen;
— aceites de masaje para el cuerpo;
— productos hidratantes para el cuerpo;
— productos hidratantes para las manos;
— productos de cuidado del rostro: cremas antiarrugas para las pieles estropeadas, maduras y normales, cremas hidratantes para las pieles secas, sensibles y frágiles.

COMPOSICIÓN DE ÁCIDOS GRASOS DEL ACEITE DE PEPITAS DE KIWI	
Ácido esteárico	2 %
Ácido linoleico	16 %
Ácido linolénico	63 %
Ácido oleico	13 %
Ácido palmítico	6 %

La industria de transformación en China

Un serio estudio del investigador y especialista neozelandés A. R. Ferguson, varias veces mencionado en este libro, nos abre las puertas sobre las posibilidades que puede ofrecer la transformación del kiwi. China, uno de los mayores productores de kiwi del mundo, intenta diversificar su utilización transformándolo, pero no olvida las utilizaciones tradicionales de otras partes de la planta.

La falta de instalaciones de almacenaje y de medios de transporte de productos frescos empujó a la transformación de los frutos del *mîhoutao*. «Existía (escribe Ferguson, en 1983) una treintena de conserveras y cuatro centros de investigación que producían, a título experimental, alimentos industriales a partir de frutos de *mîhoutao*: zumo de frutas clarificados o no, concentrados de zumos de frutas, confituras, conservas de fruta entera o a trocitos en almíbar, fruta seca, congelados, pasta, vinos espumosos o no y alcoholes. Hoy día, algunos de estos productos se exportan. Según su destino, se utilizan frutos de distinta calidad. Por ejemplo, la fruta de alta calidad con la madurez deseada se transforma en confitura o se pone en almíbar; la más madura se transforma en zumo o vino y la que queda se transforma en alcohol. Los productos transformados conservan un alto contenido de vitamina C, lo que acrecienta su valor». Además, prosigue el científico neozelandés, «tradicionalmente todas las partes de la planta se utilizaban de distintas formas, y algunas se utilizan todavía hoy día».

PRODUCTOS DE TRANSFORMACIÓN DEL KIWI

• Raíces: los extractos de raíces constituyen insecticidas eficaces contra un cierto número de insectos.

• Tallo: su fibra puede utilizarse para la fabricación de un papel de buena calidad. El mucílago de polisacárido («pegamento» de *mîhoutao*), extracto de tallo, puede utilizarse para pegar papel *xuan* (papel de un tipo especial empleado para la caligrafía y la pintura), para pegar tejidos para tintar, como pegamento en la construcción, y como material de estanqueidad.

• Hojas: sirven de forraje y para la fabricación de insecticidas.

• Flores: aceites esenciales de extractos de flores (en general, flores masculinas) sirven de materia prima para perfumes, esencias de la industria alimentaria y para aromatizar el vino de *mîhoutau*.

• Pepitas: filtradas en curso de tratamiento, las pepitas de frutas pueden exprimirse, y dan gran cantidad de un aceite muy perfumado.

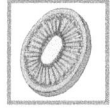

BIBLIOGRAFÍA

CHALAK, L. (1995): *Haplodiploïdisation et cultures cellulaires chez le kiwi* (Actinidia deliciosa *cv. Hayward). Caractérisation préliminaire des matériels obtenus.* Tesis doctoral, Université Montpellier II.

GIORDANO, LOUIS (1988): *Un jardin de kiwis.* Colección «La vie en vert», Éditions Rustica.

SOPEXA (1995): *Le kiwi français, le plein de vitamines.* Carpeta de prensa (noviembre).

VV. AA. (1989): *Kiwi de france. Recettes.* Minouche Pastier - CIL (Compagnie Internationale du Livre).

VV. AA. (1999): *Kiwifruit 99.* 4.º Simposio Internacional del Kiwi. Santiago de Chile.

VV. AA. (1999): *Mercado Mundial del Kiwi,* Belrose, edición 1999, Inc. 1045 N. E. Creston Lane, Pullman, WA 99163-3806, Estados Unidos.

www.ingramcontent.com/pod-product-compliance
Lightning Source LLC
Chambersburg PA
CBHW080546090426
42734CB00016B/3210